포토스케이프 X

(PhotoScape X)

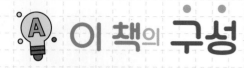 이 책의 구성

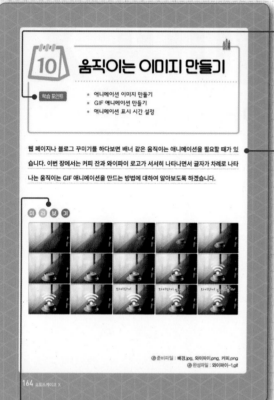

학습 포인트

이번에 학습할 핵심 요소를 살펴봅니다.

학습 목표

무엇을 학습할지 알고 시작합니다.

미리보기

학습 결과물을 미리 살펴봅니다.

학습 다지기

실습 전에 학습할 내용을 간단히 살펴봅니다.

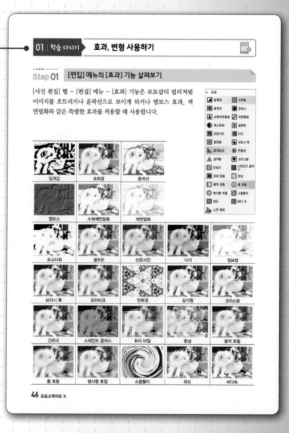

실력 다듬기

활용 예제를 통해 따라하기 방식으로
학습 내용을 익힙니다.

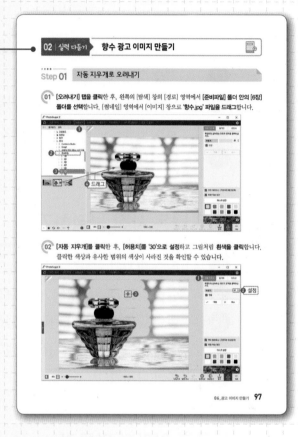

02 | 실력 다듬기   향수 광고 이미지 만들기

Step 01   자동 지우개로 오려내기

01 [오려내기] 탭을 클릭한 후, 왼쪽의 [탐색] 창의 [경로] 영역에서 [준비파일] 폴더 안의 [6장]
폴더를 선택합니다. [썸네일] 영역에서 [이미지] 창으로 '향수.jpg' 파일을 드래그합니다.

02 [자동 지우개]를 클릭한 후, [허용치]를 '30'으로 설정하고 그림처럼 흰색을 클릭합니다.
클릭한 색상과 유사한 범위의 색상이 사라진 것을 확인할 수 있습니다.

06_광고 이미지 만들기 **97**

실력 다지기

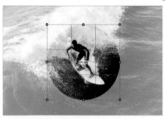

실력 다지기

1 '서핑.jpg' 파일을 불러와 그림과 같이 1:1 비율로 [원형 자르기]를 실행해 봅니다.

준비파일 : 서핑.jpg

[자르기] 대화상자 : '원형 자르기' 체크, '1×1' 선택

2 [크기 조절]을 실행하여 [가로 폭(px)]은 '500'으로, [세로 높이(px)]는 '500'으로
사진 용량을 줄여 봅니다.

[크기 조절] 대화상자
– [가로세로 비율 유지 체크
– 가로 폭(px) : '500' 설정

3 문제 [2]에서 작업한 파일을 '서핑-1.png' 파일로 저장해 봅니다.

01_포토스케이프 X의 첫걸음 **29**

응용 예제를 통해 학습 내용을 정리하고
복습합니다.

포토스케이프 X는 윈도우 10이나 MAC 운영체제에
서만 사용할 수 있습니다. 또한 해당 교재는 프로그
램의 유료 기능을 사용하고 있지 않으며, 설치 버전
에 따라 일부 기능 및 이미지의 표현방식이 교재와
다를 수도 있습니다.

이 책의 **목차**

예제파일 다운로드

1 시대인 홈페이지(www.edusd.co.kr)에 접속합니다.

2 로그인을 한 후, 홈페이지 위의 메뉴에서 [프로그램]을 선택합니다.

※ '시대' 회원이 아닌 경우 [회원가입]을 클릭하여 회원가입한 후, 로그인을 합니다.

3 프로그램 자료실 화면이 나타나면 책 제목을 검색합니다. 검색된 결과 목록에서 해당 도서의 자료를 찾아 제목을 클릭합니다.

관련 페이지가 열리면 [다운로드] 버튼을 클릭합니다. [프로그램자료실 다운로드] 창이 열리면 [(아는 만큼 재미있는) 포토스케이프 X-예제파일.zip]을 선택한 후, [선택 다운로드] 버튼을 클릭합니다.

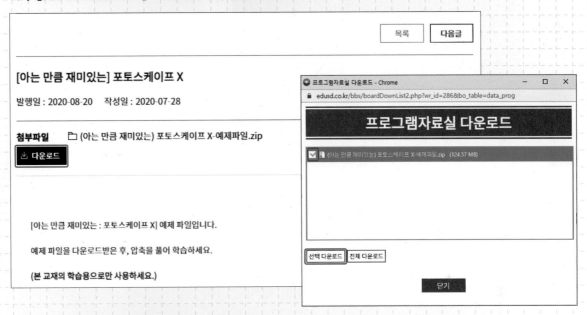

 컴퓨터 내의 압축 해제 프로그램을 활용하여 압축을 해제합니다. '(아는 만큼 재미있는) 포토스케이프 X-예제파일.zip' 파일이 해제되면 교재의 준비파일과 완성파일이 폴더별로 제공됩니다.

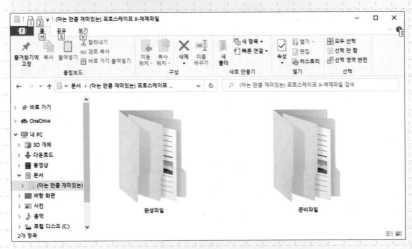

포토스케이프 X 설치하기

01 윈도우 10의 **[시작(█)]** 버튼을 클릭한 후, 'Microsoft Store'를 클릭합니다.

작업표시줄에 'Microsoft Store'의 빠른 실행 아이콘이 있다면 직접 클릭하여도 됩니다.

포토스케이프 X와 포토스케이프 PRO는 윈도우 10 운영체제나 MAC 운영체제에서만 사용할 수 있습니다.

02 'Microsoft Store'에 접속되면 **[검색]**을 클릭합니다.

03 검색창이 나타나면 'photosc'를 입력합니다. 첫 번째 목록으로 나타난 [PhotoScape X]를 선택합니다.

04 화면이 변경되면 **[무료]** 버튼을 클릭합니다.

05 **[장치 간에 사용]** 메시지가 나타나면 **[관심 없음]** 버튼을 클릭합니다.

06 **[설치]** 버튼을 클릭합니다.

07 마이크로소프트 로그인을 하라는 창이 나타나면 계정이 없어도 프로그램을 설치할 수 있기 때문에 [닫기(×)] 버튼을 클릭합니다.

08 자동으로 다운로드를 시작합니다.

09 다운로드가 완료되면 **[실행]** 버튼을 클릭합니다.

10 자동으로 포토스케이프 X가 실행됩니다.

01 포토스케이프 X와 친해지기

학습 포인트

- 포토스케이프 X의 화면 구성
- 회전, 수평 맞춤
- 사진 자르기
- 저장하기
- 미니어처 적용
- 매직 컬러 적용
- 크기 조절

포토스케이프 X의 화면 구성과 실행 방법을 살펴보고, 이미지를 불러와 편집하는 방법과

미니어처를 만드는 방법에 대하여 알아보도록 하겠습니다.

 미 리 보 기

◉ 준비파일 : 홈.jpg, 친퀘테레.jpg
◉ 완성파일 : 홈-1.png, 친퀘테레-1.jpg

Step 01 포토스케이프

PhotoScape X는 한국의 소프트웨어회사인 MOOII Tech가 개발한 이미지 편집 프로그램으로 윈도우 10이나 MAC 운영체제에서 사진을 쉽고 재미있게 보정, 편집할 수 있는 프로그램입니다.

사진 뷰어, 사진 편집, 오려내기, 일괄편집, 콜라주 등과 같은 다기능 레스터 그래픽 관련 기능을 제공하여 긴밀하게 또는 단독으로 사용할 수 있는 올인원 사진 편집 소프트웨어입니다. 구 버전인 포토스케이프 3.7 버전에 이어 포토스케이프 X 버전을 무료로 사용할 수 있으며, 포토스케이프 PRO 버전은 유료로 사용할 수 있습니다.

Step 02 포토스케이프 X 화면 구성 살펴보기

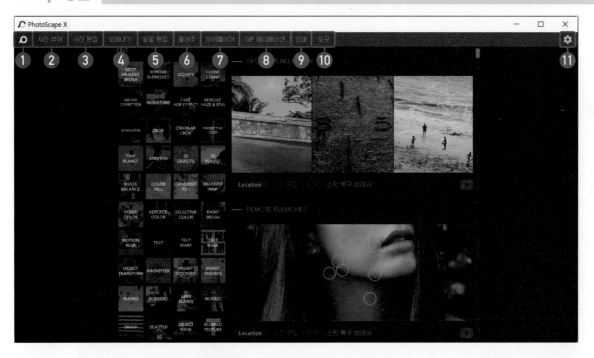

❶ : 포토스케이프 로고(⊘)를 클릭하면 포토스케이프 X의 초기 화면이 표시됩니다. 포토스케이프의 각 기능에 대한 샘플 동영상을 제공합니다.

❷ [사진 뷰어] 탭 : 사진, 비디오, 오디오의 브라우저를 제공합니다.

❸ [사진 편집] 탭 : 사진의 편집, 색상, 필름느낌, 빛, 액자, 삽입, 도구 등 이미지 편집에 관련된 기능들을 수행할 수 있습니다.

④ [오려내기] 탭 : 사진에서 삭제할 영역을 자동 지우개, 올가미, 브러시를 이용하여 배경을 제거합니다.

⑤ [일괄 편집] 탭 : 여러 장의 사진을 한 번에 변환(자르기, 크기 조절, 색상, 필터, 필름느낌, 빛, 삽입, 액자)합니다.

⑥ [콜라주] 탭 : 다양한 형태의 프레임이 지원되며, 프레임에 맞춰 사진을 붙여 넣어 하나의 최종 사진을 만듭니다.

⑦ [이어붙이기] 탭 : 여러 사진을 수직, 수평, 바둑판의 형태로 연결하여 한 장의 사진으로 붙입니다.

⑧ [GIF 애니메이션] 탭 : 여러 장의 사진을 움직이는 GIF 애니메이션으로 만듭니다.

⑨ [인쇄] 탭 : 증명사진, 명함사진, 여권사진 등 다양한 크기로 인쇄합니다.

⑩ [도구] 탭 : 화면 캡처, 색상 검출, 이름 바꾸기를 실행합니다.

⑪ 환경설정(⚙) : 포토스케이프 X의 어두운 톤을 밝은 톤으로 변경하거나 한국어를 영어로 변경, 앱 시작 시 시작 탭 열기 또는 마지막으로 사용한 앱 열기 등의 환경을 설정합니다.

Step 03 [사진편집] 탭의 메뉴 살펴보기

① [편집] 메뉴 : 사진의 크기를 조절하거나 보정(조정, 효과, 변형)합니다.

② [색상] 메뉴 : 사진의 색상, 명도, 채도 등을 변경합니다.

③ [필름느낌] 메뉴 : 사진을 필름느낌, 듀오톤, 오버레이, 오래된 사진 등의 느낌으로 변경합니다.

④ [빛] 메뉴 : 사진에 빛샘, 렌즈 반사광, 보케, 조명을 적용한 효과를 만듭니다.

⑤ [액자] 메뉴 : 액자, 모양, 테두리를 적용한 효과를 만듭니다.

⑥ [삽입] 메뉴 : 스티커, 이미지, 도형, 텍스트, 돋보기, 필터를 삽입합니다.

⑦ [도구] 메뉴 : 그리기, 뿌리기, 페인트, 지우개와 같은 도구들이 모여 있습니다.

Step 04   [편집] 메뉴 살펴보기

[사진 편집] 탭 – [편집] 메뉴는 사진의 크기를 조절하거나 보정(조정, 효과, 변형)을 하는 기능들입니다.

① 즐겨찾기 : 자주 사용하는 편집 기능들을 [즐겨찾기 편집] 대화상자에서 추가한 후, 사용할 수 있습니다.

② 매크로 : 반복적인 작업을 녹화시킨 후 실행시키는 명령으로 유료 버전인 PRO 버전에서만 사용 가능합니다.

③ 회전 : 반시계 방향 90도, 시계 방향 90도, [회전] 대화상자를 이용하여 사진을 회전합니다.

④ 수평 맞추기와 뒤집기 : 사진의 각도를 이용하여 수평을 맞추거나 좌우, 상하로 뒤집습니다.

⑤ 크기 조절 : 사진을 픽셀(px)의 크기로 또는 해상도(DPI)에 따른 인치(in), cm로 크기 조절을 할 수 있습니다.

⑥ 자르기 : 사진을 원근 자르기, 원형 자르기, 자유롭게 자르기 등 여러 가지 비율, 크기로 트리밍합니다.

⑦ 미니어처 : 미니어처 사진 촬영 기법인 '틸트-시프트(Tilt – Shift) 렌즈'를 이용하여 촬영한 듯한 작은 모형 느낌의 효과를 만듭니다.

⑧ 매직 컬러 : 간편하게 색상을 추가하여 생동감 있는 선명한 사진을 만듭니다.

⑨ 뽀샤시 : 부드럽고 밝은 느낌의 화질을 만듭니다.

⑩ HDR : 밝은 곳과 어두운 곳의 차이를 높여 실감나는 화질을 표현합니다.

⑪ 빠른 메뉴 : 심플하게 목록으로 정리되어 있는 [빠른 메뉴] 대화상자를 이용하여 빠르게 명령을 실행할 수 있습니다.

⑫ 무채화, 세피아, 반디쿠트, 블랙 & 화이트, 음영 반전의 기능을 수행합니다.

⑬ 조정 : 자동 색상, 자동 레벨, 자동 콘트라스트, 초현실적, 선명함, 흐림 등과 같은 조정 관련된 기능을 적용할 수 있습니다.

⑭ 효과 : 임계값, 흐트림, 윤곽선, 엠보스 등 포토샵의 필터와 유사한 효과를 적용할 수 있습니다.

⑮ 변형 : 작은 행성, 문자 마스크, 스트레치, 가위, 어안렌즈, 반사와 같은 변형 관련된 기능을 적용할 수 있습니다.

02 | 실력 다듬기   Home 마크 만들기

Step 01   포토스케이프 X와 첫 만남

01 [시작(⊞)] – [PhotoScape X]를 클릭합니다.

02 포토스케이프 X 프로그램이 실행되면 프로그램의 어두운 화면을 밝은 화면으로 변경하기 위해 탭 메뉴의 **[환경설정(⚙)]을 클릭**합니다.

03 [환경설정] 대화상자가 나타나면 [테마]의 **[어두운 톤] 버튼을 클릭**합니다. [테마] 대화상자가 나타나면 **[밝은 톤]을 클릭**합니다.

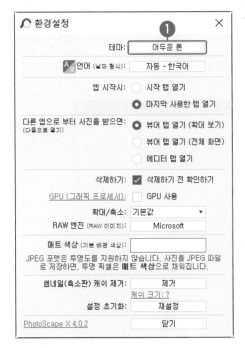

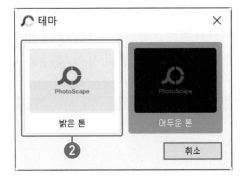

[설정 초기화]의 [재설정] 버튼을 클릭하면 포토스케이프 X의 설정값을 초깃값으로 변경할 수 있습니다. 단, 프로그램이 종료되므로 다시 실행해야 합니다.

04 포토스케이프 X 프로그램의 화면이 밝은 화면으로 변경된 것을 확인할 수 있습니다.

Step 02　사진 불러오기

01 [사진 편집] 탭을 클릭합니다. 왼쪽의 [탐색] 창의 [경로] 영역에서 **[준비파일]** 폴더 안의 **[1장]** 폴더를 선택한 후, [썸네일] 영역에서 **'홈.jpg'** 파일을 클릭합니다.

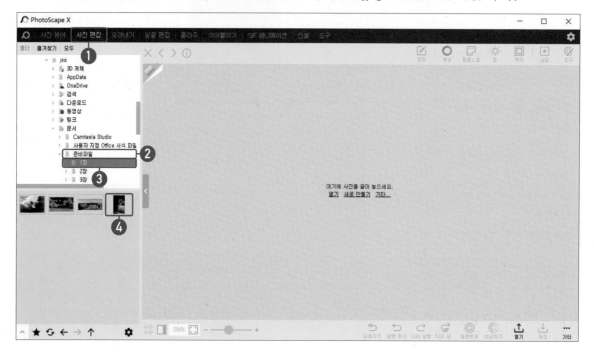

02 [탐색] 창이 닫히고 [이미지] 창에 선택한 '홈.jpg' 파일이 불러와 진 것을 확인할 수 있습니다.

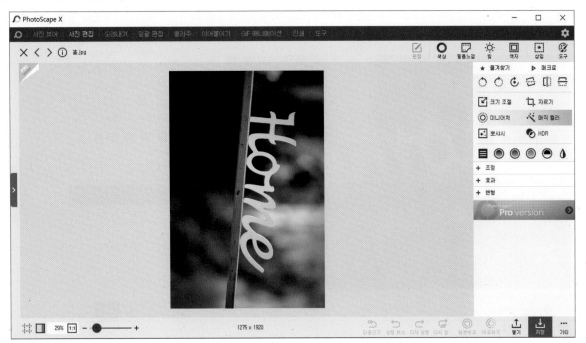

> **혼자해!** 만약 [탐색] 창이 닫히지 않았다면 [확장(◁)] 버튼을 클릭합니다. [확장(◁)] 버튼을 클릭하여 [탐색] 창을 나타나게 하거나 사라지게 할 수 있습니다.

Step 03   사진 회전하기

01 사진을 회전하기 위해 오른쪽 상단의 [편집] 메뉴에서 **[반시계 방향 90도 회전(↺)]을 선택**합니다.

02 사진이 반시계 방향으로 90도 회전된 것을 확인할 수 있습니다.

Step 04 사진 수평 맞추기

01 사진의 글자를 수평으로 맞추기 위해 [편집] 메뉴에서 **[수평 맞추기( )]를 선택**합니다.

02 [수평 맞추기] 대화상자가 나타나면 **슬라이더를 왼쪽으로 드래그하여 '-5'로 설정**한 후, **[적용]** 버튼을 클릭합니다.

03 사진이 수평이 된 것을 확인할 수 있습니다.

01 [편집] 메뉴의 **[자르기]**를 **클릭**합니다.

02 [자르기] 대화상자가 나타나면 **[원형 자르기]**를 **체크**한 후, **[2×3(4×6)]**을 **선택**합니다. [이미지] 창에서 **왼쪽 위에서 오른쪽 아래로 드래그**한 후, **[자르기]** 버튼을 **클릭**합니다.

03 사진이 타원형으로 잘린 것을 확인할 수 있습니다.

Step 06 사진 저장하기

01 수정된 사진을 저장하기 위해 오른쪽 하단의 **[기타]를 클릭**한 후, **[다른 이름으로 저장]을 선택**합니다.

02 [다른 이름으로 저장] 대화상자가 나타나면 [파일 이름]은 '**홈-1**'로 **입력**한 후, [파일 형식]은 'PNG(*.png)'로 설정하고 [저장] 버튼을 클릭합니다.

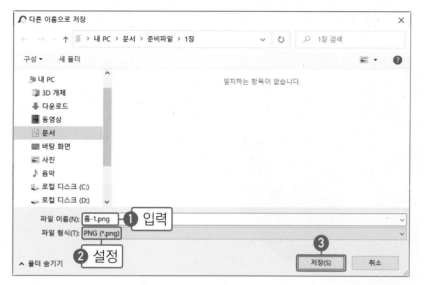

03 [이미지] 창의 왼쪽 상단에서 변경된 파일명과 확장자를 확인할 수 있습니다. [**닫기(✕)**] 버튼을 클릭합니다.

04 [이미지] 창의 이미지가 사라지고 [탐색] 창의 [썸네일] 영역에 '홈-1.png' 파일이 생성된 것을 확인할 수 있습니다.

---

03 | 실력 다듬기 미니어처 만들기

Step 01 미니어처 적용하기

01 [썸네일] 영역에서 **'친퀘테레.jpg'를 클릭**하여 [이미지] 창에 '친퀘테레.jpg'를 불러옵니다.

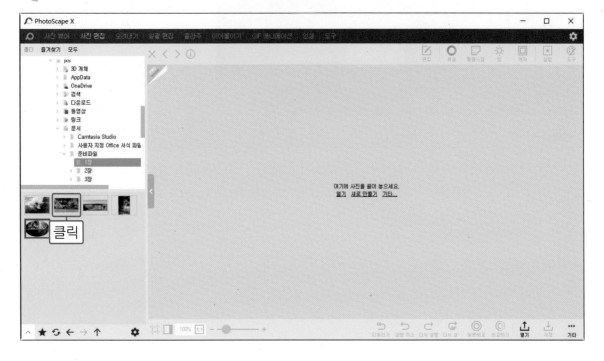

02 [편집] 메뉴의 **[미니어처]**를 **클릭**합니다.

03 [미니어처] 대화상자가 나타나면 [이미지] 창의 **중앙의 작은 원을 아래로 드래그**하여 초점을 조정합니다. **[강도]**는 **'80'**으로, **[대비]**는 **'70'**으로 **설정**한 후, **[적용]** 버튼을 **클릭**합니다.

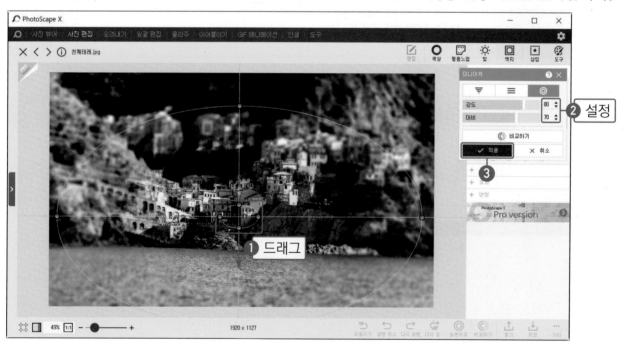

매직 컬러 적용하기

01 [편집] 메뉴의 **[매직 컬러]를 클릭**합니다.

02 [매직 컬러] 대화상자가 나타나면 **[매직 컬러]를 '70'으로, [매직 컬러(밝게)]를 '60'으로 설정한 후, [적용] 버튼을 클릭**합니다.

01 [편집] 메뉴의 [크기 조절]을 클릭합니다. [크기 조절] 대화상자가 나타나면 [비율(%)]을 '40'으로 설정한 후, [원본 크기(px)]에서 [결과 크기(px)] 값을 비교하여 크기가 줄어든 것을 확인하고 [적용] 버튼을 클릭합니다.

02 [이미지] 창의 하단에 이미지 크기가 '768×451'로 줄어든 것을 확인할 수 있습니다.

03 [기타] – [다른 이름으로 저장]을 선택하여 '친퀘테레-1.jpg'로 저장합니다.

1 '서핑.jpg' 파일을 불러와 그림과 같이 1:1 비율로 [원형 자르기]를 실행해 봅니다.

준비파일 서핑.jpg

> **힌트!** [자르기] 대화상자 : '원형 자르기' 체크, '1×1' 선택

2 [크기 조절]을 실행하여 [가로 폭(px)]은 '500'으로, [세로 높이(px)]는 '500'으로 사진 용량을 줄여 봅니다.

> **힌트!** [크기 조절] 대화상자
> – [가로:세로 비율 유지] 체크
> – 가로 폭(px) : '500' 설정

3 문제 [2]에서 작업한 파일을 '서핑-1.png' 파일로 저장해 봅니다.

4 '해변가.jpg' 파일을 불러와 그림과 같이 1:2 비율로 [자르기]를 실행해 봅니다.

준비파일 해변가.jpg

5 [미니어처]를 실행하여 그림과 같은 미니어처 느낌의 이미지를 만들어봅니다.

• 강도 : 80	• 대비 : 70

6 [뽀샤시]를 기본 값으로 적용한 후, '해변가-1.jpg'로 저장해봅니다.

잘못 나온 사진 보정하기

학습 포인트

- 역광 보정
- 자동 레벨 보정
- 선명함 적용
- 자동 콘트라스트 적용
- 매직 컬러 적용
- 원근 자르기

역광으로 어둡게 나오거나 흐린 사진, 삐뚤어지게 찍힌 사진 등 잘못 나온 사진을 보정해 보도록 하겠습니다.

◉ 준비파일 : 구영.jpg, 동백.jpg, 모녀.jpg
◉ 완성파일 : 구영-1.jpg, 동백-1.jpg, 모녀-1.jpg

Step 01 [편집] 메뉴의 [조정] 기능 살펴보기

[사진 편집] 탭 – [편집] 메뉴 – [조정] 기능은 사진의 색상, 레벨, 콘트라스트, 선명함, 흐림, 노이즈를 보정하는 기능들입니다.

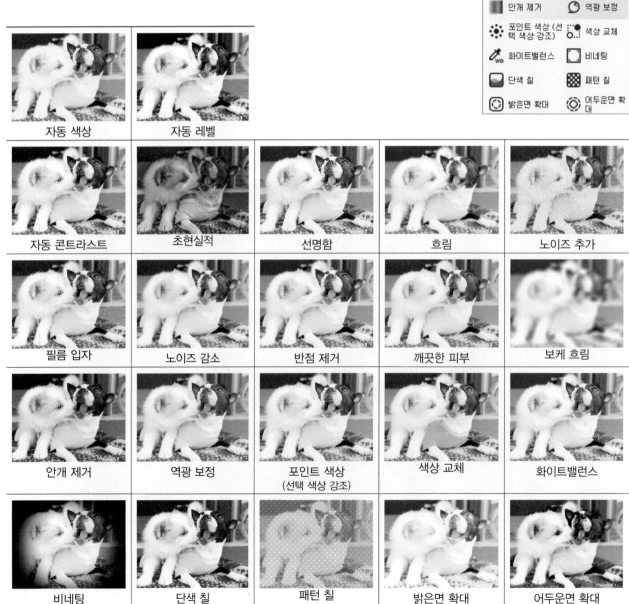

| 빛 | 액자 | 삽입 | 도구 |

★ 즐겨찾기 ▶ 매크로

— 조정

자동 색상	자동 레벨
자동 콘트라스트	초현실적
선명함	흐림
노이즈 추가	필름 입자
노이즈 감소	반점 제거
깨끗한 피부	보케 흐림
안개 제거	역광 보정
포인트 색상 (선택 색상 강조)	색상 교체
화이트밸런스	비네팅
단색 칠	패턴 칠
밝은면 확대	어두운면 확대

자동 색상 · 자동 레벨

자동 콘트라스트 · 초현실적 · 선명함 · 흐림 · 노이즈 추가

필름 입자 · 노이즈 감소 · 반점 제거 · 깨끗한 피부 · 보케 흐림

안개 제거 · 역광 보정 · 포인트 색상 (선택 색상 강조) · 색상 교체 · 화이트밸런스

비네팅 · 단색 칠 · 패턴 칠 · 밝은면 확대 · 어두운면 확대

[사진 편집] 탭 – [편집] 메뉴에서 [조정]을 클릭한 후, [패턴 칠]을 클릭하면 [패턴 칠] 대화
상자가 나타납니다.

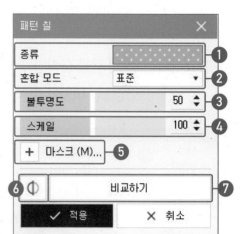

① 종류 : 패턴 목록 상자가 나타나서 다양한 패턴의 종류
를 선택할 수 있습니다.

② 혼합 모드 : 패턴과 [이미지] 창의 이미지와의 혼합 모
드를 설정할 수 있습니다.

③ 불투명도 : 패턴과 [이미지] 창의 이미지와의 불투명도
를 조절할 수 있습니다. 불투명도 수치가 클수록 패턴
이 진하게 나타납니다.

④ 스케일 : 패턴의 크기를 조절합니다.

⑤ 마스크 : 마스크는 이미지 전체에 효과를 적용하는 것이 아니라 일부 이미지에 적용하기
위한 기능으로, [마스크]를 클릭하면 관련 기능들이 나타납니다.

⑥ ◐ : 클릭하면 이미지의 절반은 효과를 적용한 후의 이미지로, 나머지 절반은 효과를 적
용하기 이전의 이미지로 보여 줍니다.

⑦ 비교하기 : 클릭한 채 있으면 효과를 적용하기 이전의 이미지로 보여 줍니다.

Step 01   역광 보정하기

01 [사진 편집] 탭을 클릭한 후, [탐색] 창의 [경로] 영역에서 **[2장] 폴더를 선택**하고, [썸네일] 영역
에서 '**구영.jpg**' 파일을 클릭합니다. [편집] 메뉴 – **[조정]을 클릭**한 후, **[역광 보정]을 클릭**합니다.

02 [역광 보정] 대화상자가 나타나면 **[어두운 영역 밝게]를 '100'으로 설정**한 후, **[적용] 버튼**
을 클릭합니다.

01 [편집] 메뉴 – [조정]에서 [자동 레벨]을 클릭합니다.

02 [자동 레벨] 대화상자가 나타나면 **[임계값]**을 '90'으로 설정하고 **[적용]** 버튼을 클릭합니다.

01 [편집] 메뉴 – [조정]에서 [선명함]을 클릭합니다.

02 [선명함] 대화상자가 나타나면 [반지름(px)]을 '10'으로, [강도(%)]를 '70'으로 설정한 후,
[적용] 버튼을 클릭합니다.

03 [기타] – [다른 이름으로 저장]을 선택하여 '구영-1.jpg'로 저장합니다.

Step 01 ● 자동 콘트라스트 적용하기

01 [사진 편집] 탭을 클릭한 후, [탐색] 창의 [썸네일] 영역에서 '동백.jpg' 파일을 클릭합니다. 이후, [편집] 메뉴의 [조정]에서 [자동 콘트라스트]를 클릭합니다.

02 [자동 콘트라스트] 대화상자가 나타나면 [프리셋]을 클릭하고 '강'을 선택한 후, [적용] 버튼을 클릭합니다.

01 [편집] 메뉴 − [매직 컬러]를 클릭합니다.

02 [매직 컬러] 대화상자에서 [매직 컬러]를 '80'으로, [매직 컬러(밝게)]를 '60'으로 설정하고, [적용] 버튼을 클릭합니다.

03 [기타] − [다른 이름으로 저장]을 선택하여 '동백−1.jpg'로 저장합니다.

Step 01   마스크를 사용하여 선명함 적용하기

01 [사진 편집] 탭을 클릭한 후, [탐색] 창의 [썸네일] 영역에서 '모녀.jpg' 파일을 클릭합니다. 이후, [편집] 메뉴의 **[조정]**에서 **[선명함]**을 클릭합니다.

02 [선명함] 대화상자가 나타나면 **[반지름(px)]**을 '5.0'으로, **[강도(%)]**를 '80'으로 설정합니다. **[마스크]**를 클릭하고 **[브러시 크기]**를 '20'을 설정한 후, 선명하게 할 부분을 그림처럼 드래그한 후, **[적용]** 버튼을 클릭합니다.

03 [편집] 메뉴의 [조정]에서 [흐림]을 클릭합니다.

04 [흐림] 대화상자의 [종류]에서 '상자 흐림'으로 설정하고 [반지름(px)]을 '5'로 설정합니다. [마스크]를 클릭하고 [브러시 크기]를 '30'으로 설정한 후, 흐리게 할 부분을 그림처럼 드래 그한 후, [적용] 버튼을 클릭합니다.

05 배경이 아웃포커스 되어 흐려진 것을 확인할 수 있습니다.

Step 02 　원근 자르기

01 원근 자르기를 적용하기 위해서 [편집] 메뉴의 **[자르기]를 클릭**합니다.

02 [자르기] 대화상자에서 **[원근 자르기]를 체크**하고 [이미지] 창에서 **파란색 조절점을 그림 처럼 드래그**하여 이동한 후, **[자르기] 버튼을 클릭**합니다.

03 사진을 원근감있게 보정하고 피사체는 선명하고 배경은 흐리게 보정하였습니다.

04 [기타] – [다른 이름으로 저장]을 선택하여 '모녀-1.jpg'로 저장합니다.

실력 다지기

1 '조카들.jpg' 파일을 불러온 후, 어두운 사진을 밝고 선명하게 보정해봅니다.

준비파일 조카들.jpg

- 자동 레벨 : 임계값 '90'
- 선명함 : 반지름(px) '5', 강도(%) '70'

 ▷

2 지저분한 외곽을 자른 후, '조카들-1.jpg'로 저장해봅니다.

힌트

[자르기] 대화상자 : '원본 비율' 선택

드래그

3 '촬영.jpg' 파일을 불러온 후, 흐린 사진을 보정해봅니다.

준비파일 촬영.jpg

> • 자동 콘트라스트 : 임계값 '90'
> • 매직 컬러 : 매직 컬러 '50', 매직 컬러(밝게) '50'

 ▷

4 원근 자르기를 실행한 후, '촬영-1.jpg'로 저장해 봅니다.

힌트 [자르기] 대화상자 : '원근 자르기' 체크

03 블로그 이미지 만들기

학습 포인트

- 반사 적용
- 삼각형 적용
- 테두리 선 설정
- 포인트 색상 강조
- 어안 렌즈 적용

포토스케이프 X 의 [편집] 메뉴의 [효과]와 [변형] 기능들을 이용하여 블로그 타이틀 배경

이미지와 모바일 앱 커버용 이미지를 만드는 방법에 대해 알아보도록 하겠습니다.

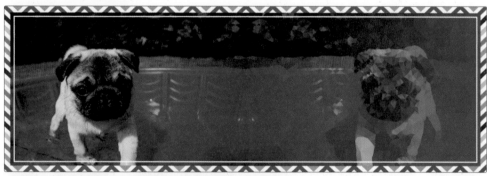

◎ 준비파일 : 불도그.jpg, 꼬마.jpg
◎ 완성파일 : dog-1.jpg, kid-1.png

Step 01　[편집] 메뉴의 [효과] 기능 살펴보기

[사진 편집] 탭 – [편집] 메뉴 – [효과] 기능은 포토샵의 필터처럼 이미지를 흐트리거나 윤곽선으로 보이게 하거나 엠보스 효과, 색연필화와 같은 특별한 효과를 적용할 때 사용합니다.

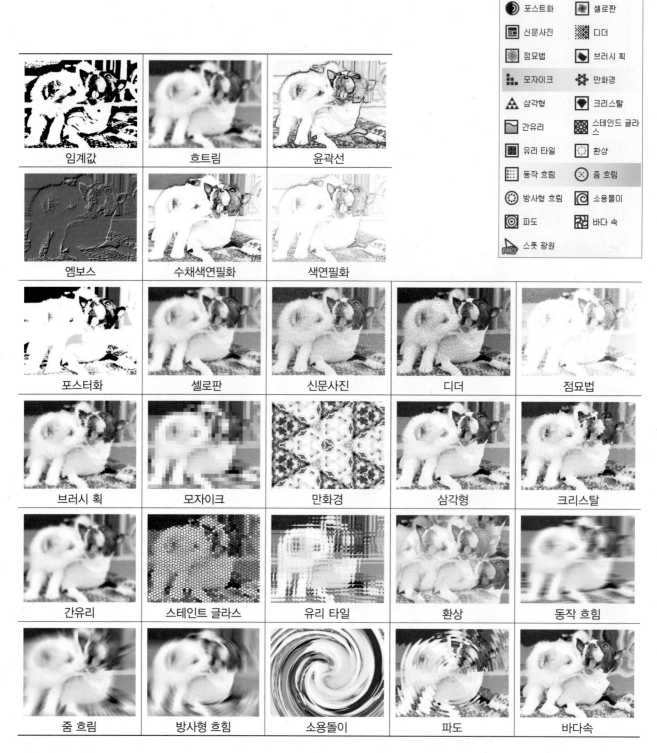

[사진 편집] 탭 – [편집] 메뉴 – [변형] 기능들은 작은 행성, 문자 마스크, 스트레치, 가위, 어안 렌즈, 반사등 이미지의 변형과 관련된 기능들을 적용할 때 사용합니다.

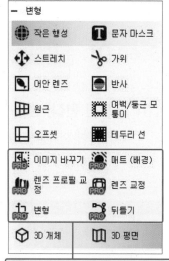

유료 버전인 PRO 버전에서 사용 가능합니다.

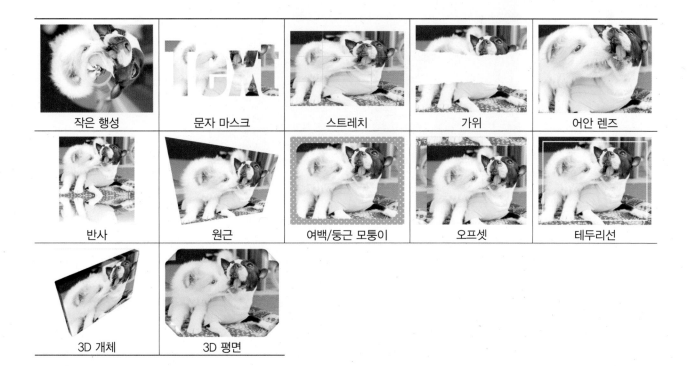

작은 행성	문자 마스크	스트레치	가위	어안 렌즈
반사	원근	여백/둥근 모퉁이	오프셋	테두리선
3D 개체	3D 평면			

Step 01   반사 적용하기

01 [사진 편집] 탭을 클릭한 후, [탐색] 창의 [경로] 영역에서 [3장] 폴더를 선택하고 [썸네일] 영역에서 '불도그.jpg'를 클릭합니다. 이후 [편집] 메뉴 – [시계 방향 90도 회전(↻)]을 선택합니다.

02 [변형]을 클릭하고 [반사]를 클릭합니다.

03 [반사] 대화상자가 나타나면 **[크기]**를 '**100**'로 **설정**한 후, **[배경]**은 **[단색]**을 **선택**하고 색
상 목록에서 '**파란색(#ff0066ff)**'을 **선택**한 후, **[적용]** 버튼을 클릭합니다.

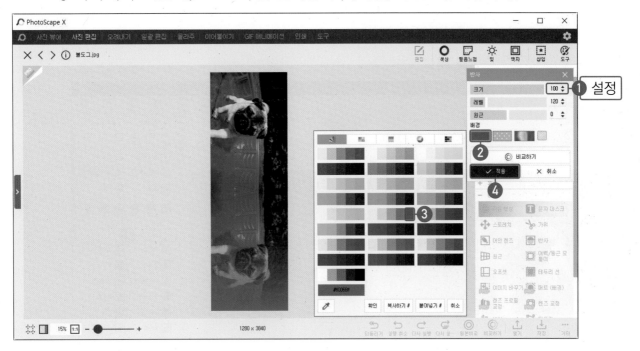

04 **[반시계 방향 90도 회전(↺)]**을 **선택**합니다.

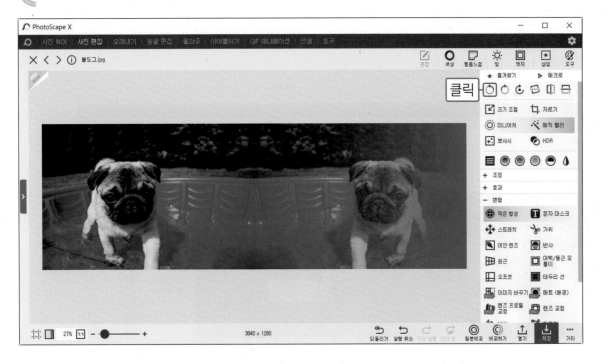

01 [효과]를 클릭한 후, [삼각형]을 클릭합니다.

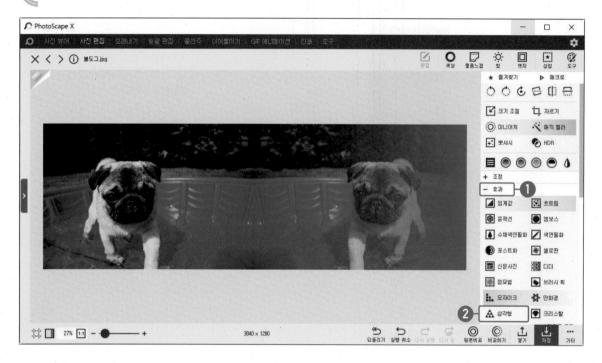

02 [삼각형] 대화상자가 나타나면 **[마스크]를 선택**한 후, 그림처럼 **오른쪽 전체를 드래그**하고 **[적용]** 버튼을 클릭합니다.

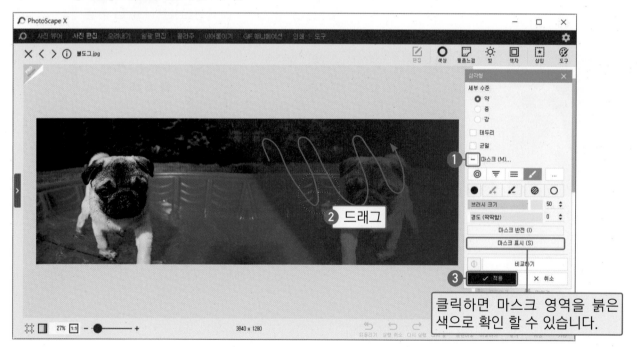

클릭하면 마스크 영역을 붉은 색으로 확인 할 수 있습니다.

03 마스크를 칠한 부분이 삼각형의 효과가 적용된 것을 확인 할 수 있습니다. **[효과]**를 클릭하여 닫습니다.

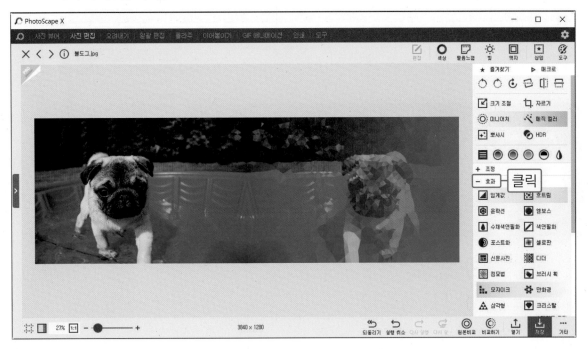

Step 03   테두리 선 적용하기

01 [변형]의 **[테두리 선]**을 **클릭**합니다.

02 [테두리 선] 대화상자에서 [두께(px)]는 '100'으로 설정하고 [배경]은 [패턴]을 선택합니다.

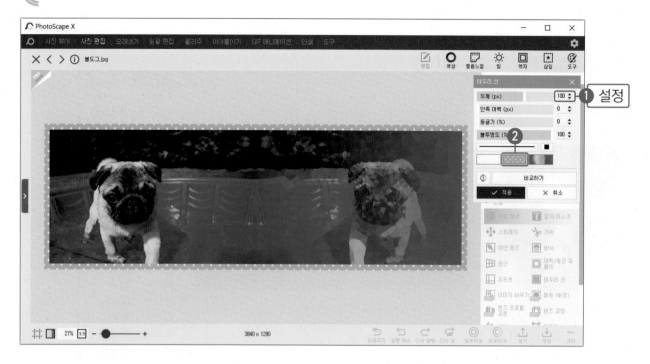

03 패턴 목록이 나타나면 [Chevron(≷)]을 선택한 후, 그림과 같은 [패턴]을 선택합니다. [스케일(%)]은 '200'으로 설정한 후 [확인] 버튼을 클릭합니다. [테두리 선] 대화상자에서 [적용] 버튼을 클릭합니다.

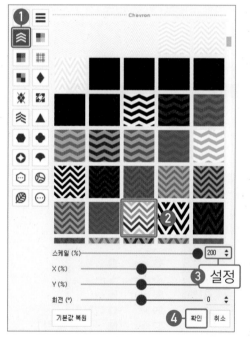

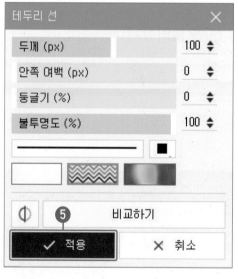

04 테두리가 적용된 것을 확인 할 수 있습니다. 사진의 안쪽에 흰색 테두리를 적용하기 위해 다시 [테두리 선]을 클릭합니다.

05 [테두리 선] 대화상자가 나타나면 [배경]은 [단색]의 '흰색(#ffffffff)'으로 설정하고, [두께(px)]는 '10'으로, [안쪽 여백(px)]은 '100'으로 설정하고 [적용] 버튼을 클릭합니다.

01 [편집] 메뉴 – **[크기 조절]**을 클릭합니다.

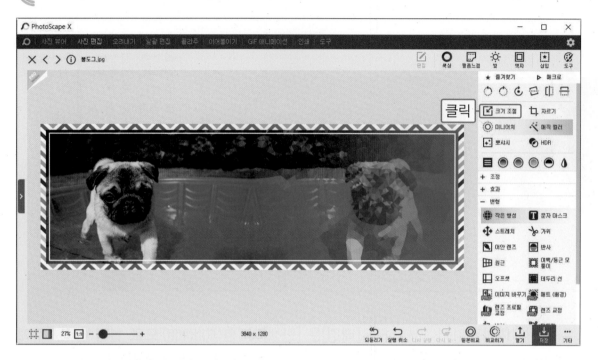

02 [크기 조절] 대화상자에서 **[가로 폭(px)]**을 **'966'**으로 **설정**하면, [세로 높이(px)]까지 자동으로 '322'로 변경됩니다. **[적용]** 버튼을 클릭합니다.

네이버 블로그 타이틀의 가로 사이즈는 '966px' 고정이고, 세로 사이즈는 '50px~600px'입니다.

03 네이버 블로그 타이틀 사이즈에 알맞는 '966×322'를 완성하였습니다. [이미지] 창 하단에서 사이즈가 변경된 것을 확인합니다.

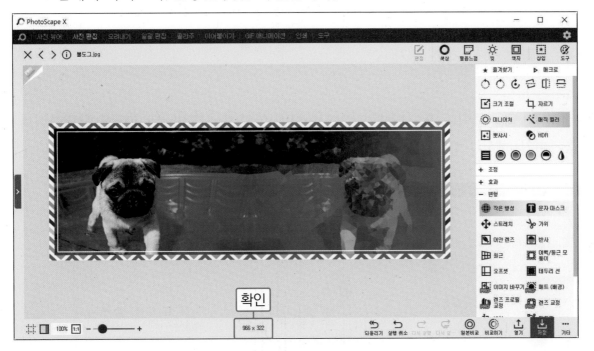

04 [기타] – [다른 이름으로 저장]을 선택하여 'dog-1.jpg'로 저장합니다.

> **조금더** 블로그에 업로드시 파일의 용량은 500kb 미만이어야 하며 파일명은 영문, 숫자로만 설정해야합니다. 파일명이 영문, 숫자가 아닐 경우 이미지가 블로그에서 보이지 않을 수도 있습니다.

Step 01　특정 색상 강조하기

01 [사진 편집] 탭을 클릭한 후, [탐색] 창의 [썸네일] 영역에서 '**꼬마.jpg**' 파일을 클릭합니다. 이후, [편집] 메뉴 – [조정]을 클릭한 후, [포인트 색상(선택 색상 강조)]를 클릭합니다.

02 [포인트 색상(선택 색상 강조)] 대화상자가 나타나면 그림처럼 [이미지] 창의 **노란 튜브**를 클릭합니다.

03 [1:1(⬚)] 버튼을 클릭하여 100%로 확대합니다. [마스크]를 클릭한 후, [브러시 크기]를 '10'으로 설정하고 선택되지 않은 **노란 튜브를** 드래그하여 추가합니다. [적용] 버튼을 클릭합니다.

📷를 선택하고 드래그하면 색상이 추가되고, 📷를 선택하고 드래그하면 색상에서 제외됩니다.

Step 02 어안 렌즈 적용하기

01 [확대/축소 버튼(⬚)]을 클릭하여 1:1의 크기로 이미지를 축소하고 전체를 확인합니다. [조정]을 클릭하여 축소한 후, [변형]의 [어안 렌즈]를 클릭합니다.

02 파란 기준점을 아래로 드래그한 후, [적용] 버튼을 클릭합니다.

Step 03　모바일 앱 커버용 사이즈로 만들기

01 [편집] 메뉴 – [자르기]를 클릭합니다.

02 [자르기] 대화상자에서 **[1×1]을 선택**한 후, [이미지] 창에서 **그림처럼 드래그**합니다. **[자르기] 버튼을 클릭**합니다.

03 픽셀 사이즈를 설정하기 위해 [편집] 메뉴 – **[크기 조절]을 클릭**합니다.

04 [크기 조절] 대화상자에서 **[가로 폭(px)]을 '700'으로 설정**하면 [세로 폭(px)]까지 자동으로 '700'으로 설정됩니다. **[적용] 버튼을** 클릭합니다.

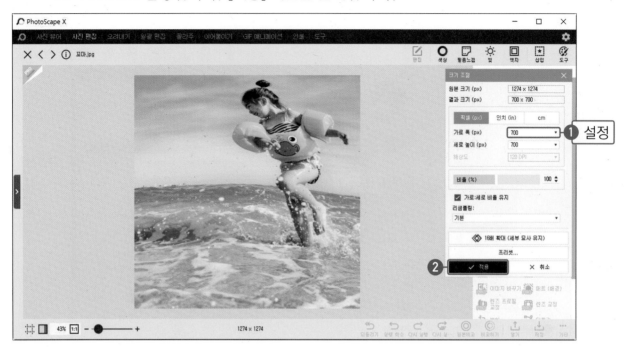

05 모바일 앱 커버 사이즈인 '700×700'의 크기로 변경되었습니다. [이미지] 창 하단에서 사이즈가 변경된 것을 확인합니다.

06 [기타] – [다른이름으로 저장]을 선택하여 'kid-1.png'로 저장합니다.

> 모바일 앱에 업로드할 파일의 확장자는 '*.PNG'나 '*.GIF'를 권장합니다. '*.JPG'는 이미지의 화질이 저하되어 업로드될 수도 있습니다.

1 [자르기]를 실행하여 타이틀 이미지 사이즈로 그림과 같이 잘라봅니다.

준비파일 sky.jpg

[자르기] – [사용자 지정]
- 가로 폭 : 966px
- 세로 폭 : 400px

2 [테두리 선]을 실행하여 윤곽에 테두리 선를 적용한 후, 'sky-1.jpg'로 저장해봅니다.

[테두리 선] 옵션
- 두께 : 3px
- 안쪽 여백 : 10px
- 테두리 : 점선

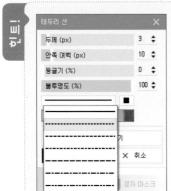

[실선]을 클릭하면 다양한 테두리의 모양이 나타납니다.

3 노란색에 [포인트 색상(선택 색상 강조)]를 사용하여 그림과 같이 만들어봅니다.

준비파일 flower.jpg

> [포인트 색상(선택 색상 강조)] 옵션 – 색상 범위 : 60

4 그림과 같이 [반사]를 적용한 후, 'flower-1.png'로 저장해봅니다.

> 반사 옵션
> - 크기 : 50
> - 원근 : 0
> - 레벨 : 120
> - 배경 : 흰색(#ffffffff)

감성적인 사진 만들기

학습 포인트

- 색상 보정
- 필름느낌 적용
- 액자 적용
- 빛샘 적용
- 보케 적용

[사진 편집] 탭의 [색상] 메뉴와 [필름느낌] 메뉴, [빛] 메뉴, [액자] 메뉴를 이용하여 특별한 느낌의 라벨 모양의 사진, 오래된 낡은 사진, 로맨틱 웨딩 사진을 만드는 방법에 대해 알아보도록 합니다.

⊚ 준비파일 : 조식.jpg, 자전거.jpg, 웨딩.jpg
⊚ 완성파일 : 조식-1.jpg, 자전거-1.jpg, 웨딩-1.jpg,

Step 01　　[색상] 메뉴 살펴보기

[사진 편집] 탭 – [색상] 메뉴는 사진의 색상, 명도, 채도를 세분화한 메뉴 구성으로 사용하기 쉽도록 하나의 옵션으로 통합하여 보여주고 밝게, 어둡게, 진하게, 생동감, 선명도를 조정하고 대비, 채도, 색온도, 색조 등 색상을 보정하거나 조절하는 기능들로 구성되어 있습니다. [펼치기]를 클릭하면 노출, 감마 교정, 명도, 검정, 흰색, 색조 등 다양한 옵션 설정으로 사진의 색상, 명도, 채도 등을 변경할 수 있습니다.

Step 02　　[필름느낌] 메뉴 살펴보기

[사진 편집] 탭 – [필름느낌] 메뉴를 선택하면 이미지를 필름 느낌, 듀오톤, 오버레이, 오래된 사진, 먼지와 스크래치, 텍스처등의 분위기로 만들 수 있습니다. 각각의 기능은 썸네일으로 보여주기 때문에 직관적으로 이미지의 결과를 확인할 수 있어 편리합니다.

Step 03 [빛] 메뉴 살펴보기

[사진 편집] 탭 – [빛] 메뉴는 빛샘(1), 빛샘(2), 렌즈 반사광, 보케, 조명 기능으로 구성되어 이미지에 빛의 효과를 설정하여 화려하거나 환상적인 빛의 이미지를 추가 표현할 수 있습니다.

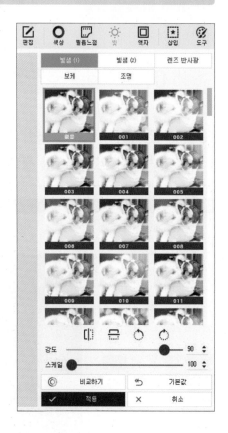

Step 04 [액자] 메뉴 살펴보기

[사진 편집] 탭 – [액자] 메뉴는 이미지의 액자, 모양, 테두리를 설정하여 이미지의 윤곽을 다양하게 꾸미거나 잘라내는 기능들로 구성되어 있습니다.

Step 01 　색상 보정하기

01 [사진 편집] 탭을 클릭한 후, [탐색] 창의 [경로] 영역에서 [4장] 폴더를 선택하고 [썸네일]
영역에서 '조식.jpg'를 클릭합니다. [색상] 메뉴를 클릭합니다.

02 [자동 레벨]의 삼각 버튼(▼)을 선택하여 '강'을 선택한 후, [어두운 영역 밝게]는 '70'으로, [색
온도]는 '5800'으로 설정하고 [적용] 버튼을 클릭합니다.

01 [필름느낌] 메뉴를 클릭합니다. [필름느낌] − [Kinsfolk]를 클릭한 후, [적용] 버튼을 클릭합니다.

02 모노 카메라로 찍은 듯한 감성적인 따스한 분위기의 사진으로 변경된 것을 확인합니다.

01 [액자] 메뉴를 클릭합니다. [모양] – [Basic]의 목록 중에 그림과 같은 모양의 [액자]를 선택하고, [여백]은 ◖◗을 선택하고 [적용] 버튼을 클릭합니다.

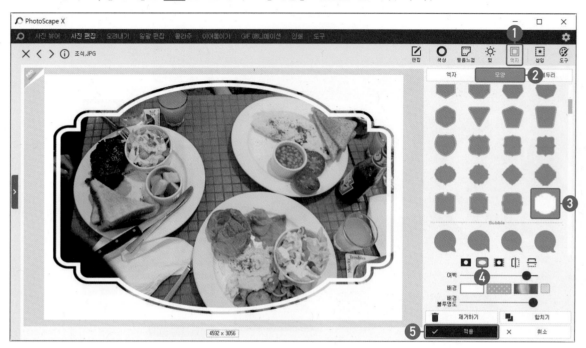

02 라벨 모양으로 사진이 트리밍 된 것을 확인합니다.

03 [기타] – [다른 이름으로 저장]을 선택하여 '조식-1.jpg'로 저장합니다.

Step 01 빈티지 느낌 만들기

01 [사진 편집] 탭을 클릭한 후, [경로] 창의 [썸네일] 영역에서 '**자전거.jpg**' 파일을 클릭합니다.
[필름느낌] 메뉴를 클릭하고, [듀오톤] – [아그파]를 클릭한 후, [적용] 버튼을 클릭합니다.

02 [필름느낌] 메뉴 – [오버레이] – [Vintage A001]을 클릭하고 [역순으로]를 체크한 후, [적용] 버튼을 클릭합니다.

01 [필름느낌] 메뉴를 클릭한 후, [오래된 사진] – [A002]를 클릭하고 [적용] 버튼을 클릭합니다.

02 [필름느낌] 메뉴 – [먼지와 스크래치] – [002]를 클릭하고 [적용] 버튼을 클릭합니다.

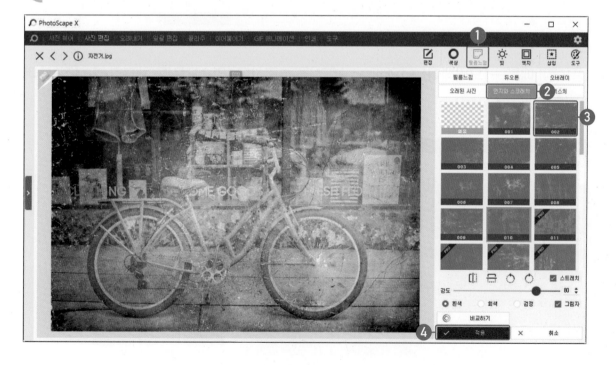

03 [필름느낌] 메뉴 – [텍스처] – [Fabric 004]를 클릭하고 [스케일]을 '130'으로 설정한 후, [적용] 버튼을 클릭합니다.

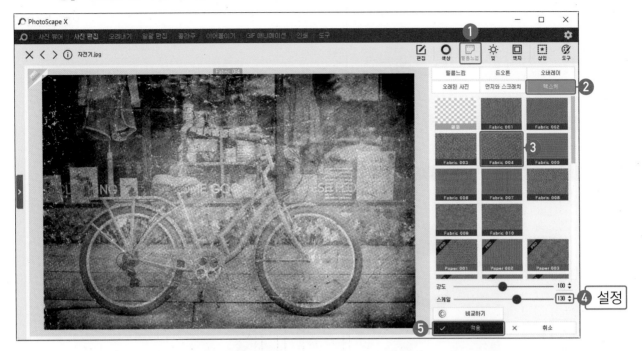

04 [빛] 메뉴 – [빛샘 (1)] – [003]을 클릭한 후, [적용] 버튼을 클릭하여 낡고 오랜 된 느낌의 사진을 완성합니다.

05 [기타] – [다른 이름으로 저장]을 선택하여 '자전거-1.jpg'로 저장합니다.

Step 01　영화같은 필름느낌 적용하기

01　[사진 편집] 탭을 클릭한 후, [경로] 창의 [썸네일] 영역에서 '웨딩.jpg'를 선택합니다.

02　[필름느낌] 메뉴를 클릭합니다. [필름느낌] – [영화]를 클릭하고 [적용] 버튼을 클릭합니다.

01 [빛] 메뉴 – [빛샘 (1)] – [006]을 클릭한 후 [적용] 버튼을 클릭합니다.

02 [빛] 메뉴 – [보케] – [001]을 클릭합니다.

03 [모양] 버튼을 클릭하고 그림과 같은 [하트 모양]을 선택합니다.

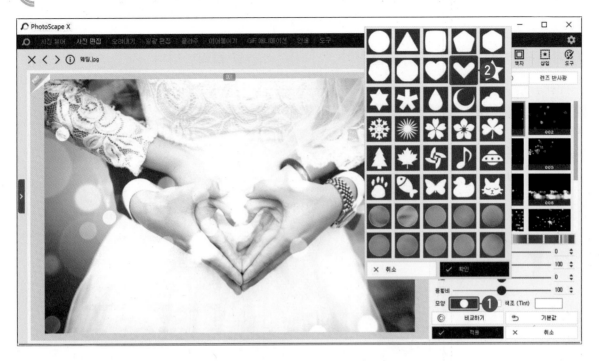

04 [이미지] 창에서 **작은 원을 안쪽으로 드래그하여** 하트 모양이 안쪽으로 더 집중되도록 합니다. [적용] 버튼을 클릭합니다.

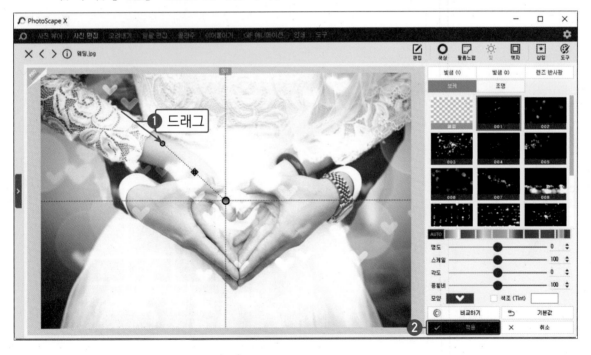

01 [액자] 메뉴 – [액자]에서 그림과 같은 [액자]를 선택한 후 [적용] 버튼을 클릭합니다.

02 사진에 액자 모양이 적용된 것을 확인할 수 있습니다.

03 [기타] – [다른 이름으로 저장]을 선택하여 '웨딩-1.jpg'로 저장합니다.

1 빛바랜 오래된 느낌의 사진을 만들어봅니다.

준비파일 베니스.jpg

- [필름느낌] 메뉴 : [듀오톤] – [크로스 프로세스]
- [필름느낌] 메뉴 : [오버레이] – [Vintage A10]
- [필름느낌] 메뉴 : [오래된 사진] – [005]

 ▷

2 [액자] 메뉴를 이용하여 사진에 동물모양이 나타나도록 만들어봅니다.

[액자] 메뉴 : [모양] – [Pat]

힌트 [모양]의 옵션에서 배경 불투명도의 슬라이더를 조절하여 배경이 흐리게 보이게 합니다.

3 문제 [2]에서 작업한 파일을 '베니스-1.jpg' 파일로 저장해 봅니다.

4 갓난아기 사진을 [필름느낌] 메뉴와 [빛] 메뉴를 이용하여 그림처럼 만들어봅니다.

준비파일 갓난아기.jpg

- [필름느낌] 메뉴 : [필름느낌] – [kinsfolk]
- [빛] 메뉴 : [보케] – [006]
- [보케]의 옵션
  - 모양 : 나비 모양
  - 각도 : 50

 ▷

5 [액자] 메뉴를 이용하여 그림처럼 만들어봅니다.

[액자] 메뉴 : [액자] – ■

6 문제 [5]에서 작업한 파일을 '갓난아기-1.jpg' 파일로 저장해 봅니다.

05 인물 사진 보정하기

학습 포인트

- 빨간 눈 보정
- 얼굴의 점 제거
- 스팟 복구 브러시 사용
- 픽셀 유동화 사용
- 페인트 사용
- 얼굴 윤곽 보정

[사진 편집] 탭의 [도구] 메뉴를 사용하여 인물 사진의 여러 곳을 변형, 수정하는 방법에 대해 알아보도록 하겠습니다.

◉ 준비파일 : 아기.jpg
◉ 완성파일 : 아기-1.jpg

Step 01 [도구] 메뉴 살펴보기

[사진 편집] 탭 – [도구] 메뉴 – [도구]에는 그리기, 뿌리기, 페인트, 지우개, 색상 조절, 선명함, 흐림 등의 기능을 도구 형태로 제공합니다. 도구를 선택하면 대화상자가 나타나 다양한 옵션을 설정할 수 있으며 이미지 전체가 아닌 클릭이나 드래그한 범위만큼 적용할 수 있습니다.

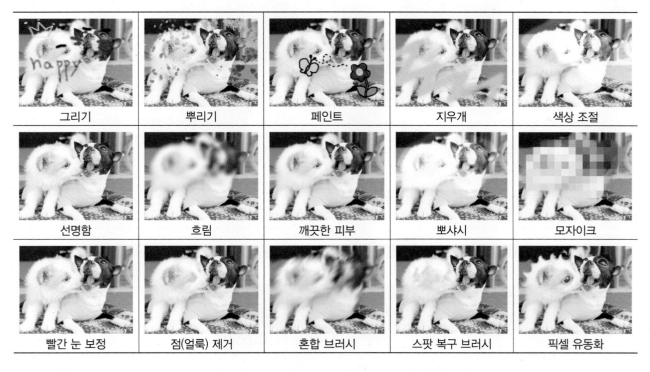

그리기	뿌리기	페인트	지우개	색상 조절
선명함	흐림	깨끗한 피부	뽀샤시	모자이크
빨간 눈 보정	점(얼룩) 제거	혼합 브러시	스팟 복구 브러시	픽셀 유동화

····
Step 01 | 빨간 눈 보정하기

01 [사진 편집] 탭을 클릭한 후, [탐색] 창의 [경로] 영역에서 **[5장] 폴더를 선택**하고, [썸네일] 영역에서 '**아기.jpg**' 파일을 클릭합니다. 얼굴부분을 자세히 보기 위해 [보기 비율]을 '**50%**'로 설정한 후, 썸네일 이미지에서 **머리가 모두 보이게 위로 드래그**합니다.

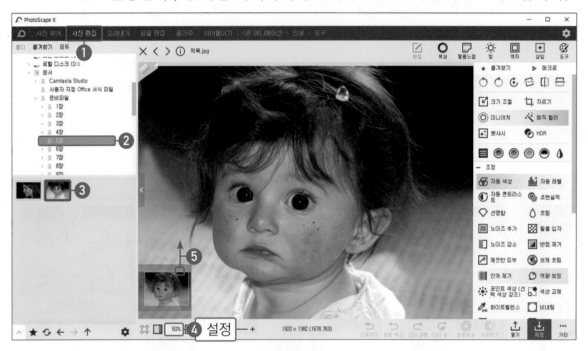

02 [도구] 메뉴 – [빨간 눈 보정]을 클릭합니다.

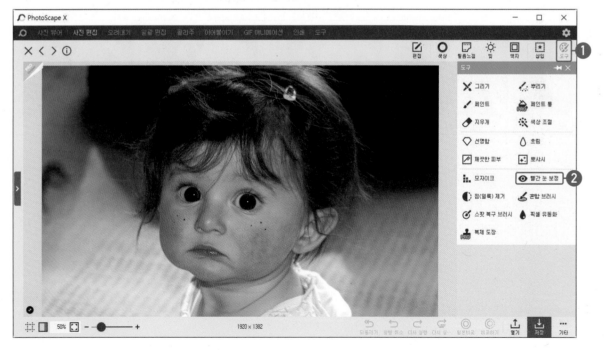

03 [빨간 눈 보정] 대화상자가 나타나면 **[경도(딱딱함)]을 '50'으로 설정**한 후, 적목 현상이 나타난 **눈동자를 클릭**하여 빨간 눈을 보정합니다. ⬅ **버튼을 클릭**하여 [빨간 눈 보정] 대화상자를 닫습니다.

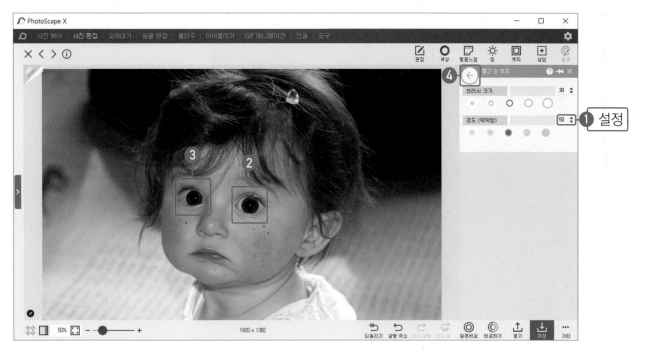

Step 02 점(얼룩) 제거하기

01 [도구] 메뉴 - **[점(얼룩) 제거]를 클릭**합니다.

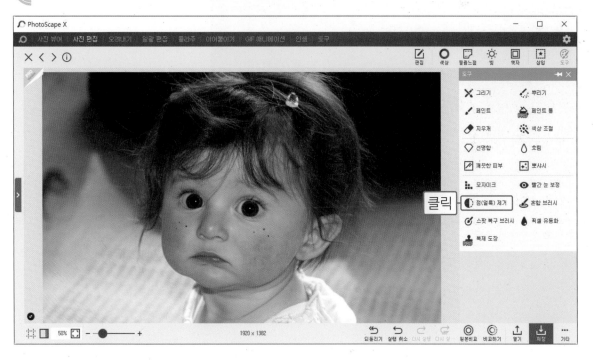

02 [점(얼룩) 제거] 대화상자에서 [브러시 크기]를 '10'으로 설정한 후, **오른쪽 뺨의 점을 클릭**하여 지웁니다.

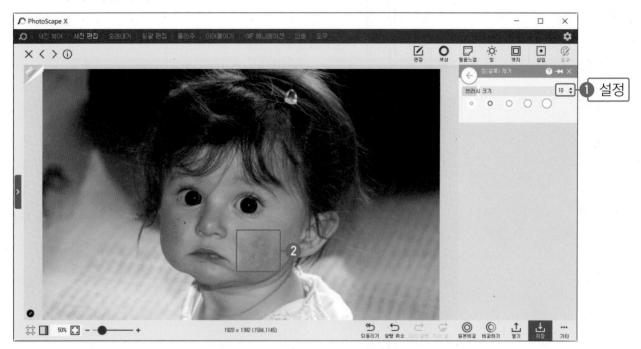

03 **왼쪽 뺨의 점도 클릭**하여 삭제합니다. ⬅ **버튼을 클릭**하여 [점(얼룩) 제거] 대화상자를 닫습니다.

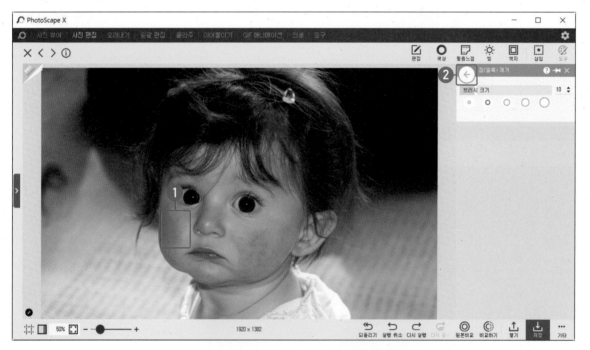

01 [도구] 메뉴 – [**스팟 복구 브러시**]를 **클릭**합니다.

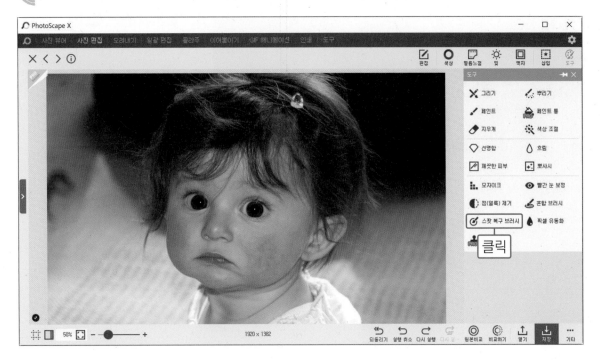

02 [스팟 복구 브러시] 대화상자에서 [**브러시 크기**]를 '**30**'으로 **설정**한 후, **머리핀을 클릭**하여 지웁니다.

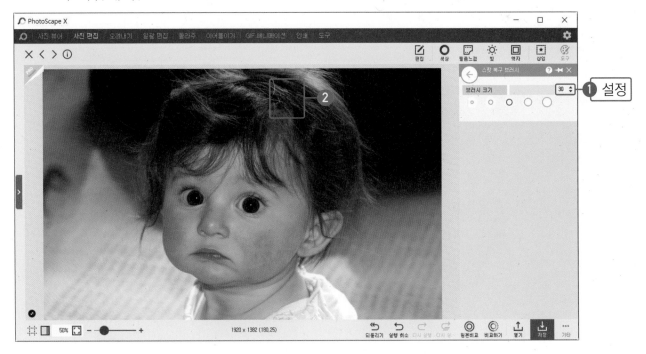

03 [브러시 크기]를 '60'으로 설정한 후, 왼쪽의 빨간 무늬를 클릭하여 보정합니다. ⊙ 버튼을 클릭하여 [스팟 복구 브러시] 대화상자를 닫습니다.

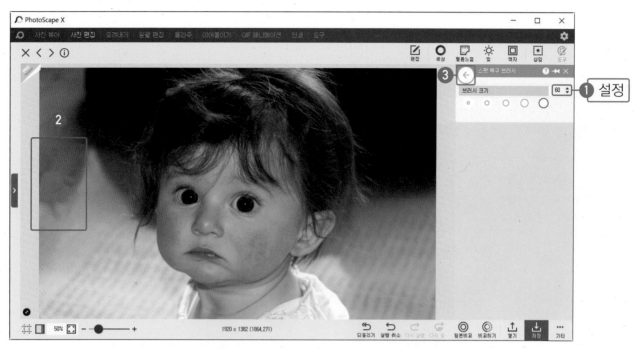

Step 04 흐림 사용하기

01 [도구] 메뉴 – [흐림]을 클릭합니다.

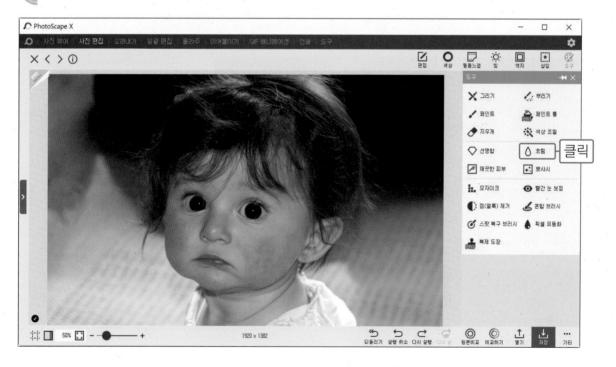

02 [흐림] 대화상자에서 **[경도(딱딱함)]을 '0'으로 설정**한 후 **왼쪽의 얼룩진 경계를 드래그**하여 보정합니다.

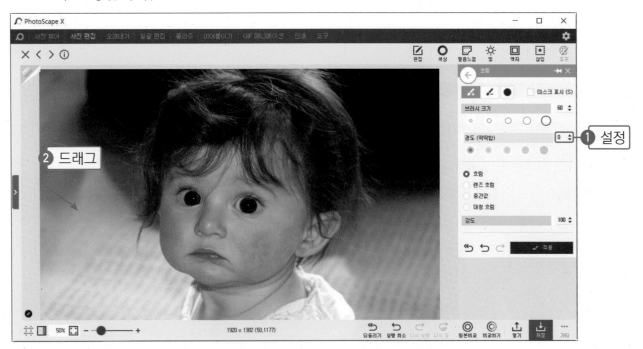

03 **아웃포커스 되도록 배경을 드래그**하여 흐립니다. ⬅ **버튼을 클릭**하여 [흐림] 대화상자를 닫습니다.

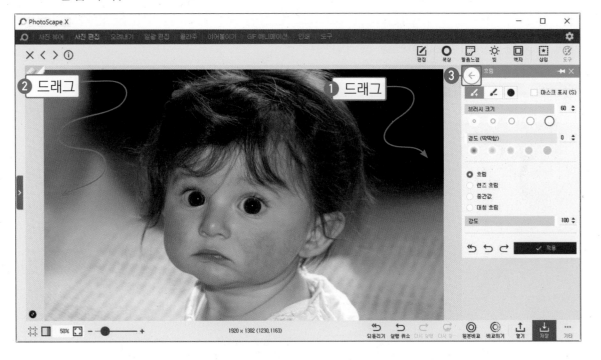

01 [도구] 메뉴 – **[픽셀 유동화]**를 클릭합니다.

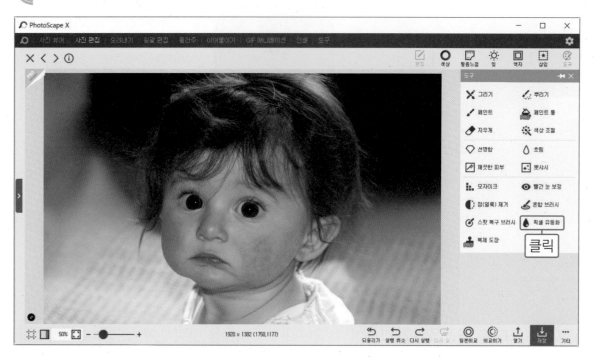

02 [픽셀 유동화] 대화상자에서 **[강도]**를 '50'으로 설정한 후, **양쪽 볼 부분을 안쪽으로 드래 그하여 축소합니다. [적용] 버튼을 클릭합니다.**

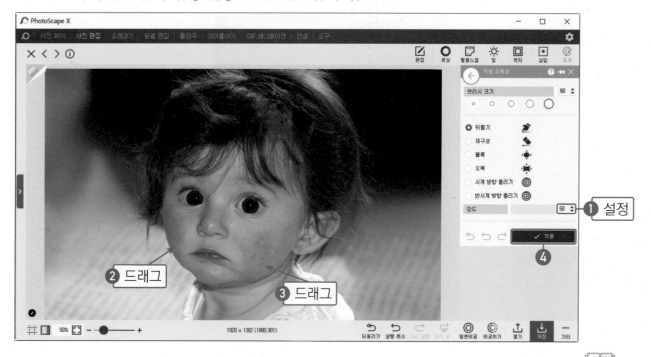

[픽셀 유동화] 대화상자에서 '재구성'을 설정한 후, 이미지에 드래그하면 [적용] 버튼을 클릭하기 이전의 이미 지로 되돌릴 수 있습니다.

03 [브러시 크기]를 '30'으로 설정하고 **입 꼬리를 위로 드래그**하여 위로 살짝 올립니다. **[적용]** 버튼을 클릭합니다.

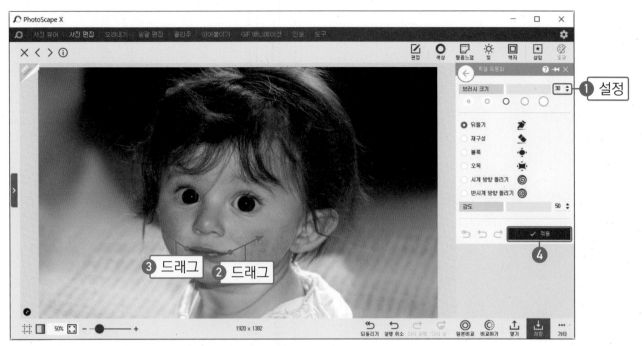

04 [브러시 크기]를 '60'으로 설정하고 **[볼록]**을 설정한 후, **양쪽 눈을 클릭**하여 확대합니다. **[적용]** 버튼을 클릭합니다.

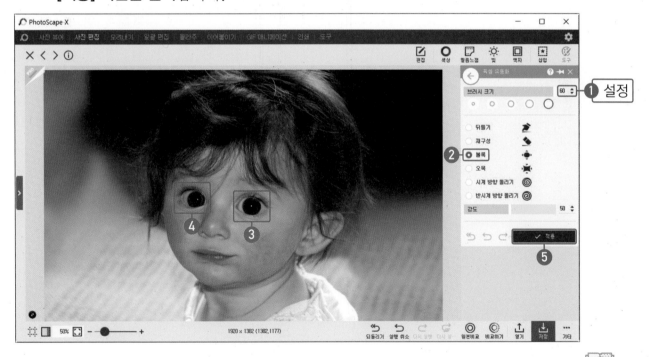

단계별 작업을 완료한 후, [적용] 버튼을 클릭하면 중간에 실수를 하여도 적용 단계까지 작업을 복구할 수 있어 편리합니다.

05 [반시계 방향 돌리기]로 설정한 후, **오른쪽 머리카락을 클릭**하며 웨이브가 진 것처럼 회전시킵니다. [**적용**] 버튼을 클릭합니다.

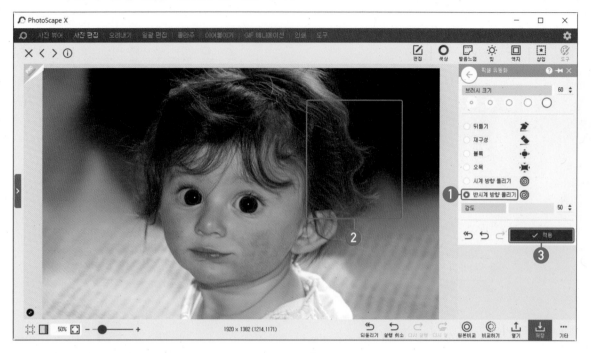

06 [시계 방향 돌리기]를 설정한 후, **왼쪽 머리카락을 클릭**하며 웨이브가 진 것처럼 회전시킵니다. ⓒ 버튼을 클릭하여 [픽셀 유동화] 대화상자를 닫습니다.

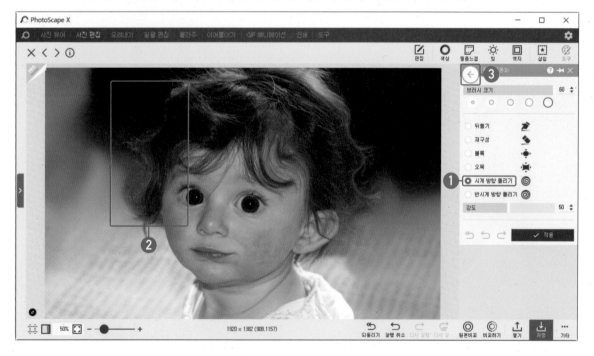

Step 06 페인트 적용하기

01 [도구] 메뉴 – **[페인트]를 클릭**합니다.

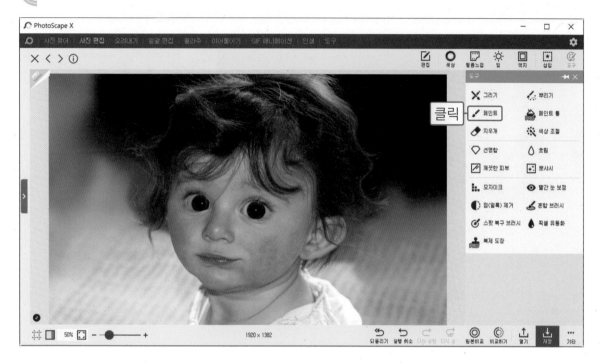

02 [페인트] 대화상자에서 **[브러시 크기]를 '30'으로 설정**하고 **[색상]은 [단색]의 '빨강색 (#ffff0000)'으로 [혼합모드]는 '색조'로 설정**하고 **머리카락을 드래그하여** 칠합니다. **[마스크 표시]를 체크**하여 마스크 영역을 확인 합니다.

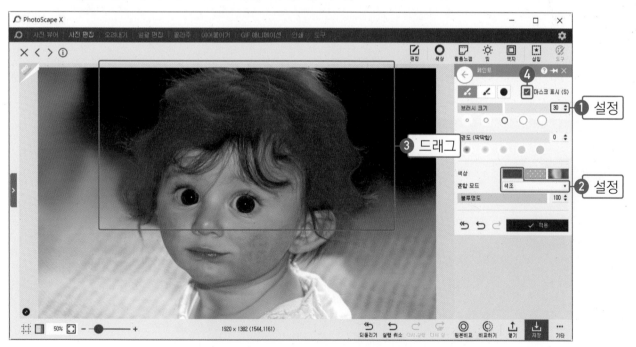

> **잠깐!** [마스크 표시]는 일시적으로 확인 하는 것이므로 [이미지] 창을 클릭하면 [마스크 표시]의 체크가 해제됩니다.

03 [브러시 크기]를 '2'로 설정하고 가느다랗게 삐져나온 머리카락을 드래그하여 칠합니다. [마스크 표시]를 체크하여 마스크 영역을 확인 합니다. ⬅ 버튼을 클릭하여 [페인트] 대화상자를 닫습니다.

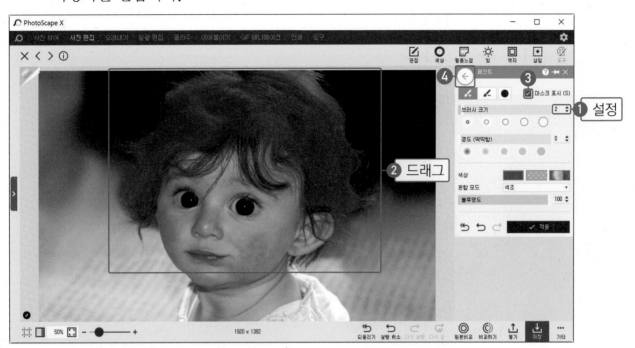

잠깐! ✏️ 로 설정하고 드래그하면 페인트 칠을 지울 수 있습니다.

Step 07 윤곽 강조하기

01 [도구] 메뉴 - [선명함]을 클릭합니다.

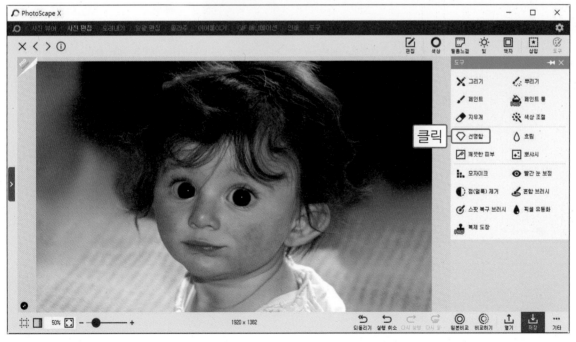

02 [선명함] 대화상자에서 [브러시 크기]는 '15'로 설정한 후, 얼굴의 경계와 이목구비 등을 드래그합니다. [마스크 표시]를 체크하여 마스크 영역을 확인합니다. ⊙ 버튼을 클릭하여 [선명함] 대화상자를 닫습니다.

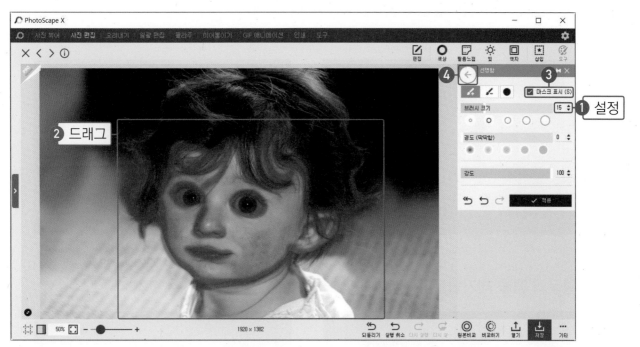

03 아기 사진을 수정하여 완성한 이미지입니다.

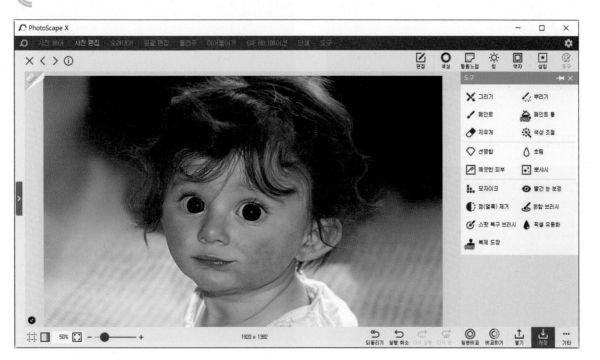

04 [기타] – [다른 이름으로 저장]을 선택하여 '아기-1.jpg'로 저장합니다.

1 적목현상이 나타난 빨간 눈을 제거해봅니다.

준비파일 우먼.jpg

 ▷

2 얼굴의 점을 제거해봅니다.

 ▷

3 구부러진 코와 사각턱을 보정해봅니다.

 ▷

4 머리에 파마를 한 것처럼 웨이브를 만들어봅니다.

 ▷

5 화장을 한 것처럼 입술과 눈꺼풀, 볼의 색상을 변경해봅니다.

- 색상 : #ffff0066, ff0066ff
- 혼합 모드 : 색조

 ▷

6 피부에 해당하는 부분을 드래그하여 뽀샤시하게 만들어봅니다.

 ▷

7 지금까지 작업한 파일을 '우먼-1.jpg' 파일로 저장해 봅니다.

광고 이미지 만들기

학습 포인트

- 이미지 오려내기
- 투명 이미지로 저장
- 이미지 삽입
- 효과 적용
- 불투명도 적용
- 혼합모드 적용
- 텍스트 삽입

포토스케이프 X의 새로운 기능인 오려내기 기능을 이용하여 이미지의 윤곽을 오려내고

저장한 후, 레이어를 여러 개 만들어 향수 광고 이미지를 만들어 보도록 하겠습니다.

◉ 준비파일 : 향수.jpg
◉ 완성파일 : 향수-1.psxprj

① [오려내기] 탭 – [자동 지우개]는 이미지의 색상을 직접 클릭하여 비슷한 색상을 투명하게 오려내기 합니다. [허용치]의 값이 클수록 허용되는 색상 범위가 크며, [인접]을 체크 해제 하면 클릭한 색상이 인접하지 않았더라도 파일안의 같은 색상을 오려내기 합니다.

② [오려내기] 탭 – [올가미]는 이미지에 드래그한 영역을 오려내기 합니다. [패스 닫기]의 체크를 해제하고 드래그하면 시작지점으로 드래그해야 오려내기가 실행됩니다.

③ [오려내기] 탭 – [브러시]는 이미지에 브러시 모양으로 드래그하는 대로 오려내기 합니다. 하단의 마스크 색상을 선택하면 빗금 모양의 투명 영역을 선택한 마스크 색상으로 볼 수 있습니다.

Step 02 **[레이어] 살펴보기**

레이어란 투명 필름이나 층으로 겹쳐 있는 투명한 영역 사이로 아래 이미지가 보여 종합적으로 하나의 이미지로 보이게 되는 것입니다. 각 레이어는 따로 분리되어 있기 때문에 수정, 편집, 이동이 용이합니다.

① 레이어 옵션을 보이게 하거나 가립니다.

② 선택하여 활성화 된 레이어는 파란 테두리로 표시됩니다.

③ 표시/숨기기 : 체크하여 레이어를 표시하거나 체크를 해제하여 레이어를 숨깁니다.

④ 삭제하기 : 선택한 레이어를 삭제합니다.

⑤ 복제하기 : 선택한 레이어를 복제합니다.

⑥ 앞으로 가져오기/뒤로 보내기 : 레이어의 순서를 앞 또는 뒤로 변경합니다.

⑦ 병합 : 모든 레이어를 하나로 병합합니다.

Step 01 자동 지우개로 오려내기

01 [오려내기] 탭을 클릭한 후, 왼쪽의 [탐색] 창의 [경로] 영역에서 **[준비파일]** 폴더 안의 **[6장]** 폴더를 선택합니다. [썸네일] 영역에서 [이미지] 창으로 **'향수.jpg'** 파일을 드래그합니다.

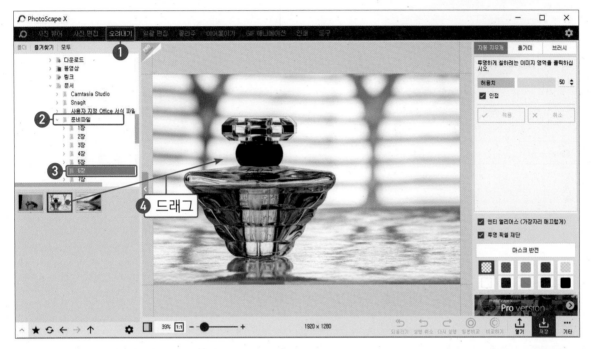

02 **[자동 지우개]**를 클릭한 후, **[허용치]**를 **'30'**으로 설정하고 그림처럼 **흰색**을 클릭합니다. 클릭한 색상과 유사한 범위의 색상이 사라진 것을 확인할 수 있습니다.

03 같은 방법으로 여러 **배경 색상을 클릭**하여 오려내고 향수만 남도록 만듭니다.

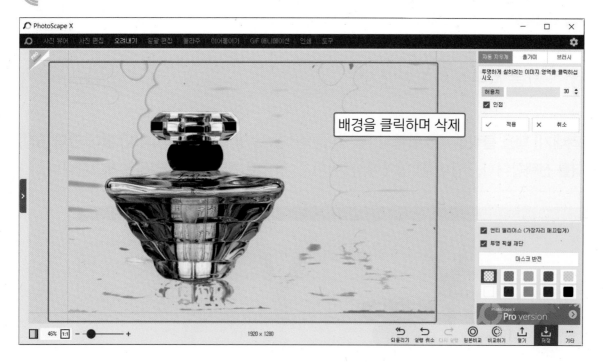

Step 02   브러시로 오려내기

01 [**브러시**]를 클릭한 후, 남은 배경을 드래그하여 오려냅니다.

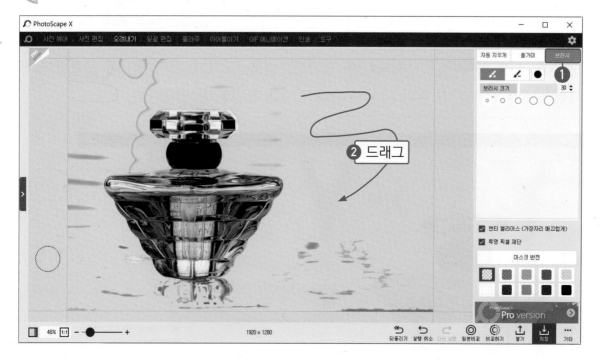

02 오른쪽 하단의 마스크 색상을 나타내는 **[빨간색]을 선택**한 후, **배경을 드래그**하여 깔끔하게 지웁니다.

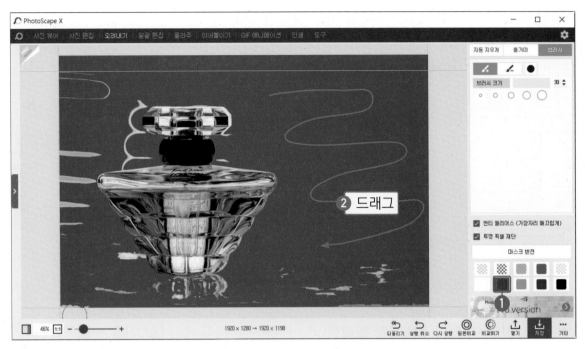

Step 03 | 투명 이미지로 저장하기

01 오른쪽 하단의 **[투명색]을 선택**한 후, 왼쪽 하단의 **[배경(▣)]을 클릭**합니다. 배경이 진한 회색으로 변경되어 투명 배경과 이미지의 구분이 명확하게 잘 보입니다. **[저장]을 클릭**합니다.

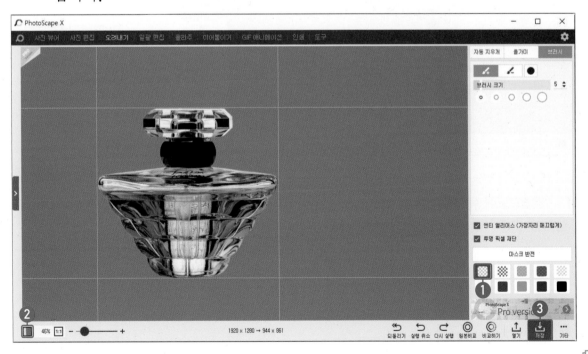

> 참고하세요 파란 선은 이미지와 투명 배경의 경계를 표시합니다.

02 [다른 이름으로 저장] 대화상자가 나타나면 **저장할 경로를 설정**하고 **[파일 이름]**은 '**향수-cutout**'라고 **입력**한 후, **[파일 형식]**은 '**PNG(*.png)**'로 **설정**합니다. **[저장]** 버튼을 클릭하여 [완료] 대화상자가 나타나면 **[닫기]**를 클릭합니다.

03 [이미지] 창을 닫기 위해 **[기타]**를 **클릭**한 후, 드롭다운 메뉴에서 **[닫기]**를 **선택**합니다.

> **참고하세요** [기타] − [클립보드에 복사하기]를 선택하면, 오려진 이미지를 복사할 수 있습니다. 필요할 때마다 [사진 편집] 탭에서 [기타] − [붙여넣기]를 선택하면 오려진 이미지를 붙여넣기하여 사용할 수 있습니다.

01 [사진 편집] 탭을 클릭한 후, [새로 만들기]를 클릭합니다. [새로 만들기] 대화상자에서 [프리셋] 버튼을 클릭하여 [1920×1080]을 선택하고 [확인] 버튼을 클릭합니다.

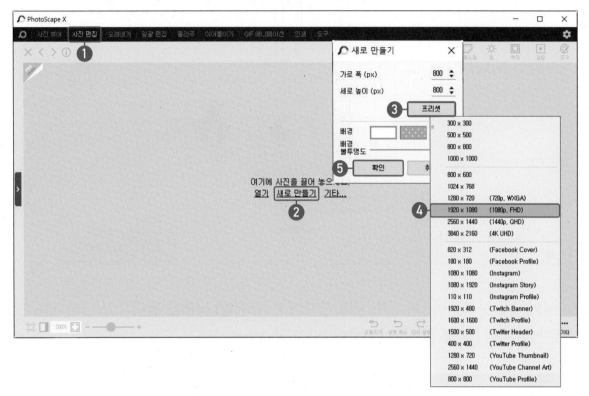

02 새로운 종이가 나타납니다. **[삽입] 메뉴를 클릭**합니다.

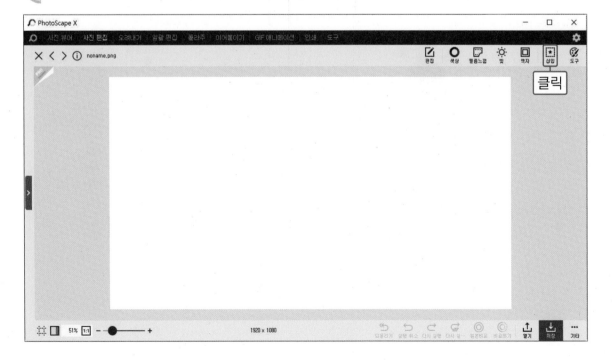

03 [이미지] 메뉴를 클릭하여 [열기] 대화상자가 나타나면 '**향수-cutout.png**' 파일을 선택한 후, [열기] 버튼을 클릭합니다.

04 향수 이미지가 나타나면 [이미지] 대화상자에서 **[스케일] 버튼을 클릭**하고 나타나는 드롭다운 메뉴에서 **[⅔]를 선택**하여 향수 이미지를 축소합니다.

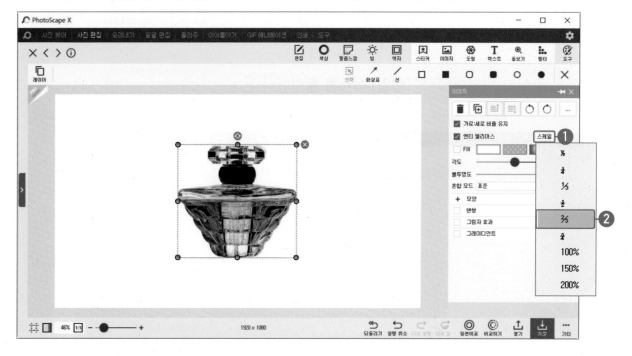

05 [기타]를 클릭하여 나타나는 드롭다운 메뉴에서 [클립보드에 복사하기]를 선택합니다.

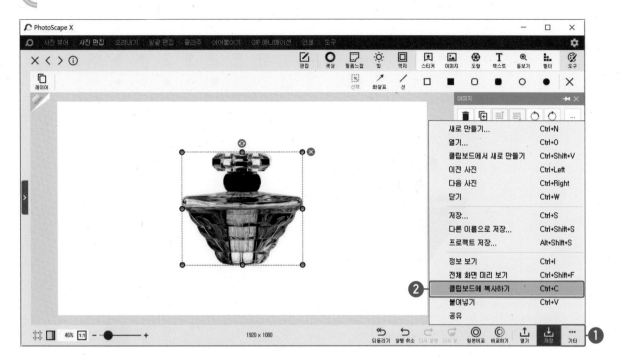

06 [레이어]를 클릭하고 레이어 옵션이 나타나면 이미지를 배경과 병합하기 위해 [병합]을 클릭합니다.

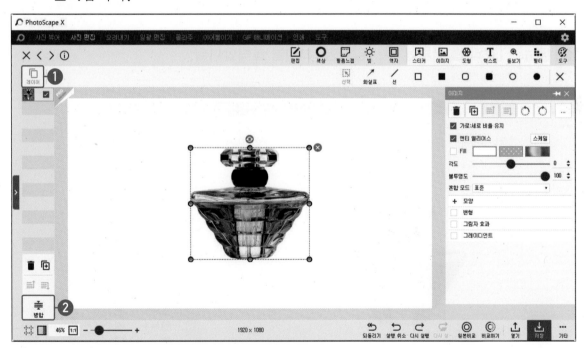

> 배경과 분리되어 있는 레이어 상태에서는 배경에만 효과가 적용되므로 병합하여 하나의 배경 이미지로 만듭니다.

07 레이어와 배경이 병합된 것을 확인할 수 있습니다.

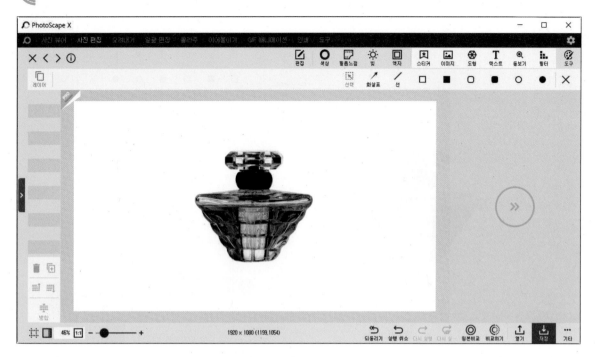

흐림과 환상 효과 적용하기

01 [편집] 메뉴 – [효과]를 클릭한 후, [방사형 흐림]을 클릭합니다.

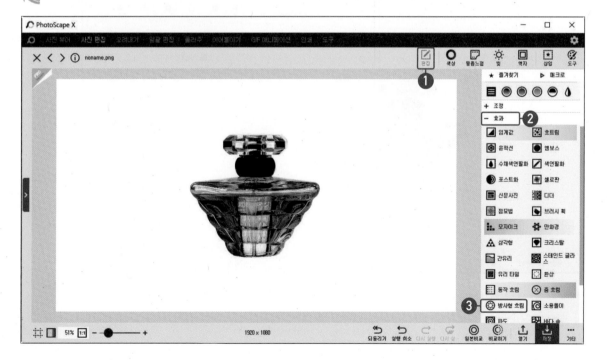

02 [방사형 흐림] 대화상자에서 **[각도]**를 '20'으로 설정한 후, **[적용]** 버튼을 클릭합니다.

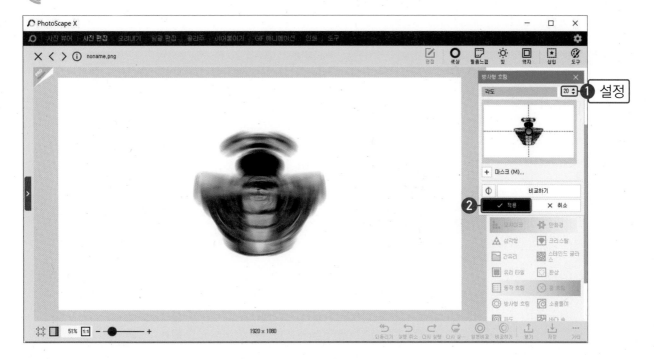

03 방사형을 강하게 적용하기 위해 다시 한 번 적용하기 위해 **[방사형 흐림]**을 클릭합니다. [방사형 흐림] 대화상자에서 **[각도]**를 '20'으로 설정한 후, **[적용]** 버튼을 클릭합니다.

04 여러 개를 복제한 것처럼 효과를 주기 위해 [편집] 메뉴의 [효과]에서 **[환상]을 클릭**합니다.

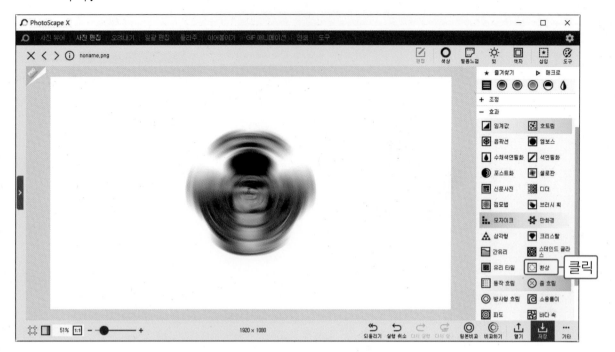

05 [환상] 대화상자에서 **[강도]를 '6'으로 설정**하고 **[적용] 버튼을 클릭**합니다.

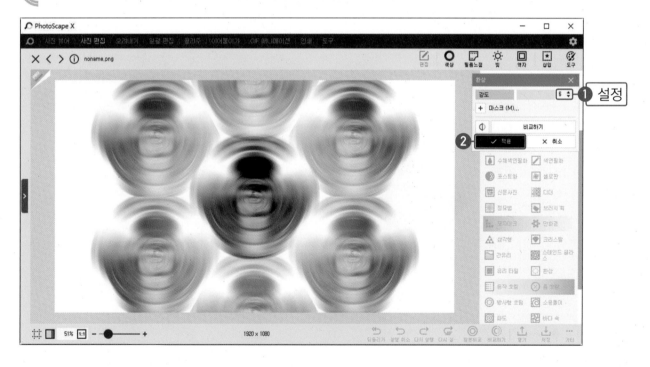

06 복사한 이미지를 붙여넣기 위해 **[기타]를 클릭**하여 드롭다운 메뉴가 나타나면 **[붙여넣기]를 선택**합니다.

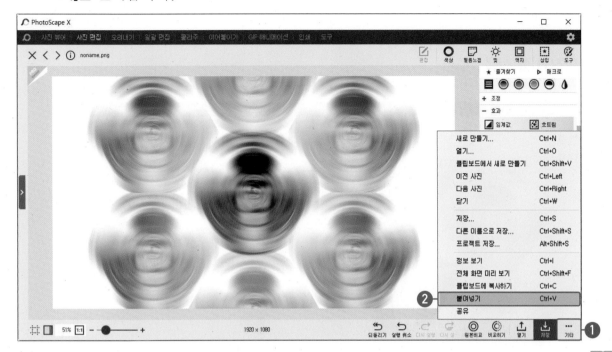

만약 중간에 손실되어 [붙여넣기]가 활성화되지 않았다면 [삽입] 메뉴에서 [이미지]를 선택한 후, '향수-cutout.png' 파일을 선택해 삽입합니다.

07 향수 이미지가 나타납니다.

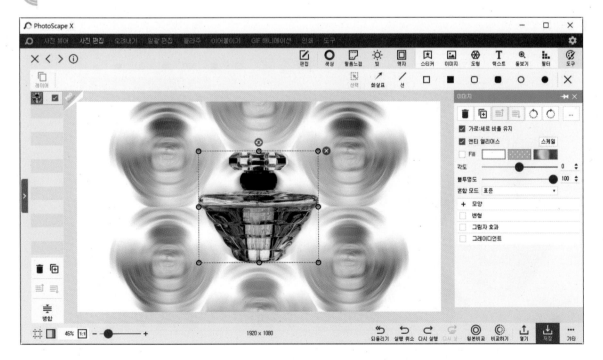

01 향수 이미지를 마우스 오른쪽 버튼으로 클릭하여 드롭다운 메뉴가 나타나면 **[회전] – [상하 뒤집기]**를 선택합니다.

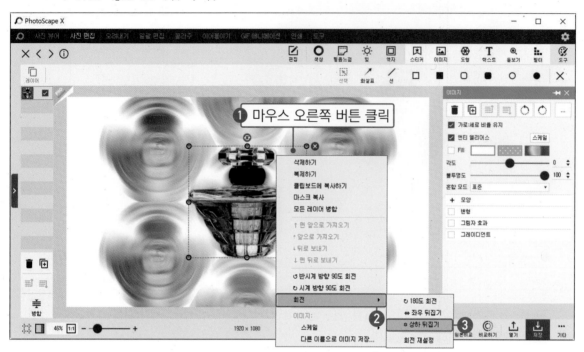

02 뒤집어진 향수를 **그림과 같이 아래로 드래그**하여 이동합니다.

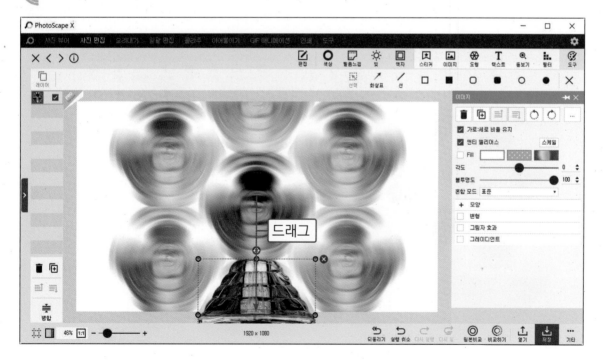

03 [이미지] 대화상자에서 **[불투명도]**를 '60'으로 설정한 후, **[병합]**을 클릭합니다.

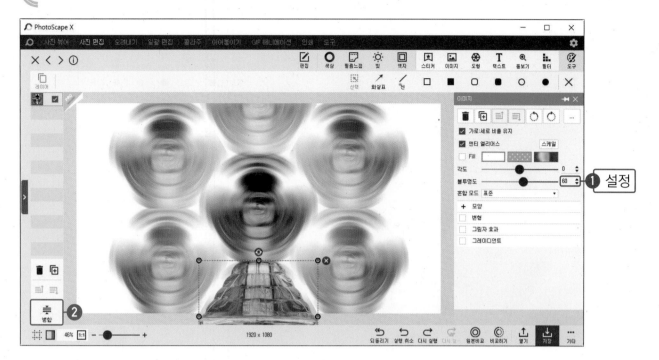

04 [개체를 배경에 합치기] 대화상자가 나타나면 **왼쪽 그림을 선택**합니다.

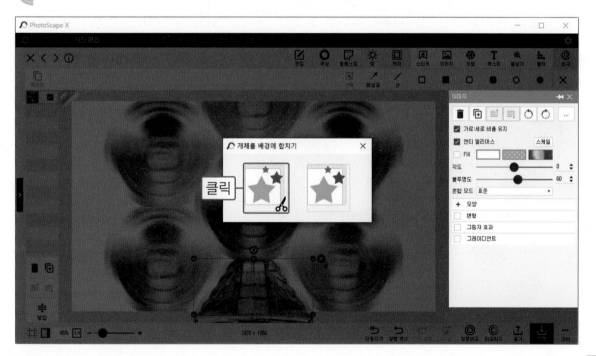

왼쪽 그림인 가위 모양의 그림은 배경 바깥으로 나온 이미지를 오려서 병합하고, 오른쪽 그림은 배경 바깥으로 나온 이미지까지 병합합니다.

05 배경 바깥으로 나간 그림은 삭제되고 하나로 병합된 것을 확인 할 수 있습니다.

06 [기타]를 클릭한 후, 드롭다운 메뉴가 나타나면 [붙여넣기]를 선택하여 클립보드에 복사한 이미지를 삽입합니다. [병합]을 클릭하여 이미지를 병합합니다.

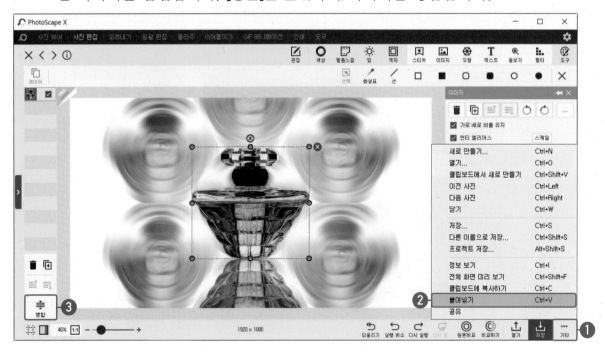

07 [빛] 메뉴 – [빛샘 (1)] – [013]을 클릭한 후, [적용] 버튼을 클릭합니다.

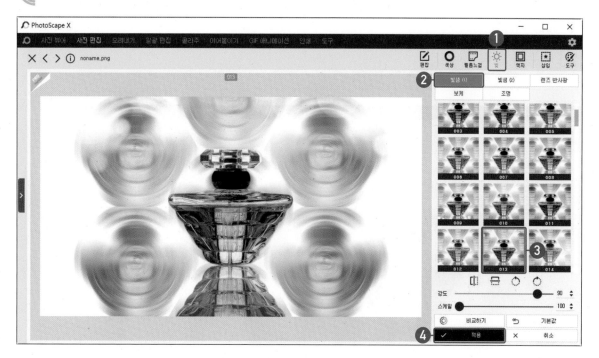

08 [빛] 메뉴 – [보케] – [006]을 클릭한 후, [적용] 버튼을 클릭합니다.

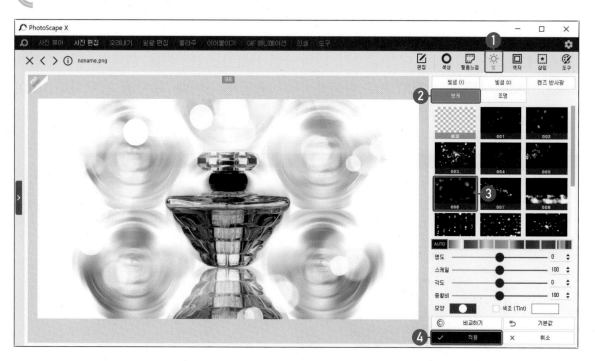

01 [삽입] 메뉴를 클릭합니다.

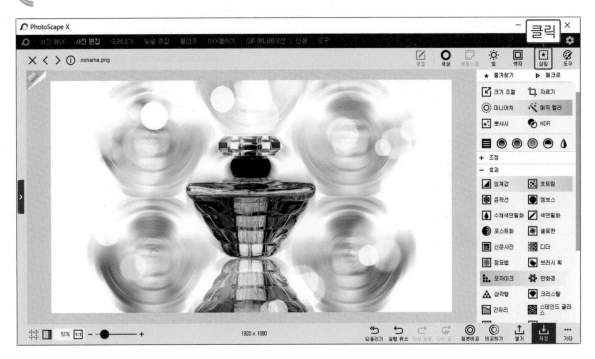

02 [선] 메뉴를 클릭하고 [선] 대화상자가 나타나면 [색상]은 [단색]을 선택한 후, '주황색 (#ffff9900)'으로, [두께]는 '100'으로 설정합니다. [종류]는 3번째 '곡선'을 선택하고 [이미지] 창에 드래그하여 그림과 같이 선을 만듭니다.

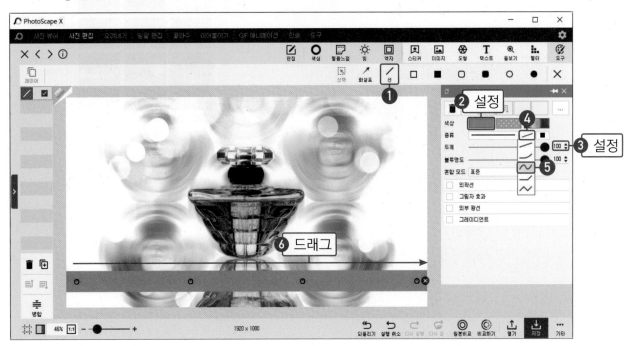

03 곡선을 만들기 위해 **두 번째 기준점을 위로 드래그**한 후, [혼합모드]를 '오버레이'로 설정합니다.

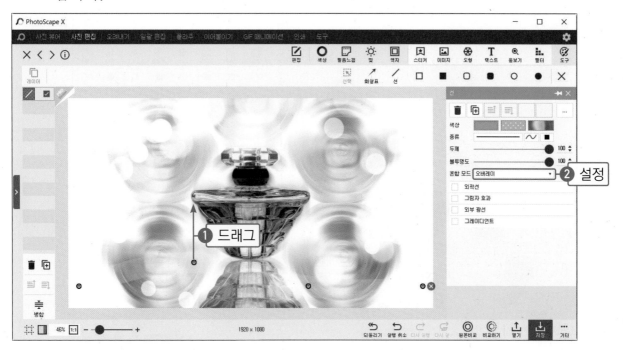

04 [텍스트] 메뉴를 클릭하여 [텍스트] 대화상자가 나타나면 [텍스트 입력란]에 'perfume'을 입력하고 [글꼴]은 '휴먼편지체'로, [글꼴 크기]는 '150'으로, [글꼴 색상]은 [단색]의 '흰색 (#ffffffff)'으로 설정합니다.

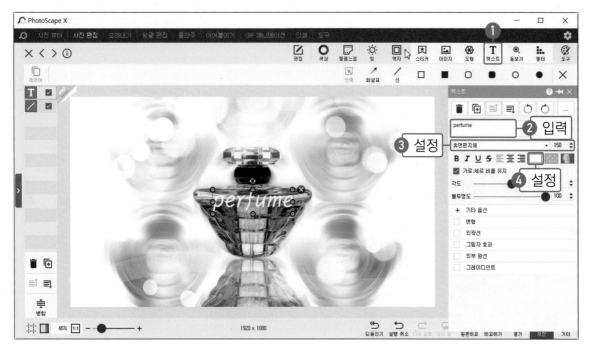

05 [외곽선]을 체크하고 [색상]은 [단색]의 '주황색(#ffff9900)'으로 설정한 후 오른쪽 아래로 드래그합니다. [저장]을 클릭합니다.

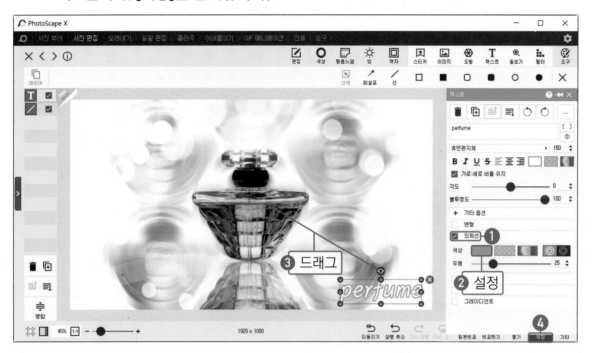

06 다음과 같이 [메시지] 창이 나타나면 **[아니오] 버튼을 클릭**합니다. [저장] 대화상자에서 **[프로젝트 저장] 버튼을 클릭**하고 [프로젝트 저장] 대화상자가 나타나면 **[파일 이름]을 '향수-1'로 입력**한 후, **[저장] 버튼을 클릭**합니다.

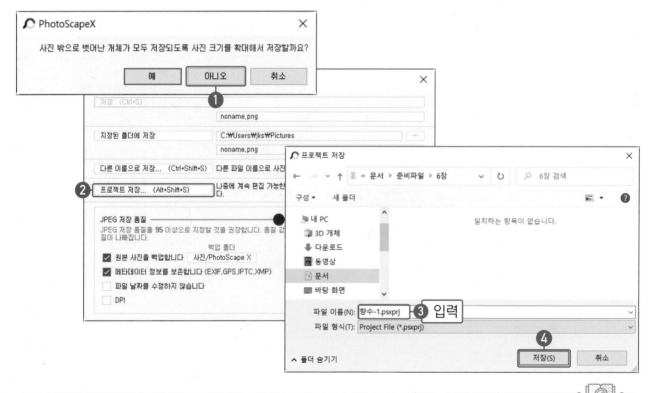

'*.psxprj'는 포토스케이프 X의 전용 확장자로 [프로젝트로 저장] 버튼을 클릭하여 저장하면 [파일 형식]이 'Project File(*.psxprj)'로 지정되며 레이어가 붙지 않고 저장되기 때문에 수정이 편리합니다.

1 [오려내기]를 이용하여 배경에서 인물을 오려낸 후, '댄스-cutout.png'로 저장해 봅니다.

준비파일 댄스.jpg, 호수.jpg

2 '호수.jpg' 파일 불러온 후, '댄스-cutout.png' 파일을 삽입해봅니다.

힌트
- 호수.jpg : [사진편집] 탭에서 가져옵니다.
- 댄스-cutout.png : [이미지] 메뉴를 이용하여 파일을 가져옵니다.

3 '댄스-cutout.png'파일을 이미지를 호수 수면위에 비친 것처럼 상하 반사시킨 후, [혼합모드]를 설정하여 그림처럼 이동해봅니다.

> **힌트!**
> • 이미지 : 이미지를 선택한 후, [회전] – [상하 뒤집기]를 실행합니다.
> • 혼합모드 : 오버레이

4 '댄스-cutout.png' 파일을 삽입한 후, '호수-1.psxprj'로 저장해봅니다.

07 여행 사진 한꺼번에 꾸미기

학습 포인트

- 투명한 종이 만들기
- 도형 삽입
- 텍스트 입력과 꾸미기
- 스티커 삽입
- 일괄 편집에서 크기 조절
- 일괄 저장

이번 장에서는 여행지에서 찍은 여러 장의 사진들을 한꺼번에 편집하고 나만의 워터마크를 만들어 일괄으로 적용해 보도록 하겠습니다.

 미리보기

◎ 준비파일 : 구엘.jpg, 몬세라토.jpg, 미니시암.jpg, 톨레도.jpg
◎ 완성파일 : 서명.png, 서명_구엘.jpg, 서명_몬세라토.jpg, 서명_미니시암.jpg, 서명_톨레도.jpg

Step 01 [일괄 편집] 탭 살펴보기

일괄 편집 기능은 수십 수백 장의 사진의 크기를 단번에 변경하거나, 동일한 액자모양을 적용하거나 필터 기능, 마크 등을 한꺼번에 동일하게 적용하는 기능입니다.

① 자르기 : 상/하/좌/우로 자르기를 할 수 있습니다.

② 크기 조절 : 가로 폭(px), 세로 높이(px), 비율(%), 긴축(px), 짧은 축(px)을 기준으로 크기 조절을 합니다.

③ 색상 : 색상, 자동 색상, 자동 레벨, 자동 콘트라스트 등 다양한 색상 관련 옵션이 나타나 색상, 채도, 밝기 등을 변경할 수 있습니다.

④ 필터 : 선명함, 뽀샤시, 비네팅, 필름입자 등 효과를 지정할 수 있습니다.

⑤ 필름느낌 : 필름느낌, 듀오톤, 오버레이, 오버레이, 먼지와 스크래치, 텍스처 등의 목록이 나타나 옵션을 변경하고 적용할 수 있습니다.

⑥ 빛 : 빛샘(1), 빛샘(2), 렌즈 반사광 목록이 나타나 옵션을 변경하고 적용할 수 있습니다.

⑦ 삽입 : 스티커, 이미지, 도형, 필터, 텍스트를 삽입할 수 있습니다.

⑧ 액자 : 액자, 모양, 테두리 목록이 나타나 옵션을 변경하고 적용할 수 있습니다.

Step 01 　투명한 종이 만들기

01 [사진 편집] 탭을 클릭한 후, [새로 만들기]를 클릭합니다. [새로 만들기] 대화상자에서 [가로 폭(px)]은 '400'으로, [세로 높이(px)]는 '200'으로 설정하고 [배경 투명도]의 둥근 슬라이더를 왼쪽 끝까지 드래그한 후, [확인] 버튼을 클릭합니다.

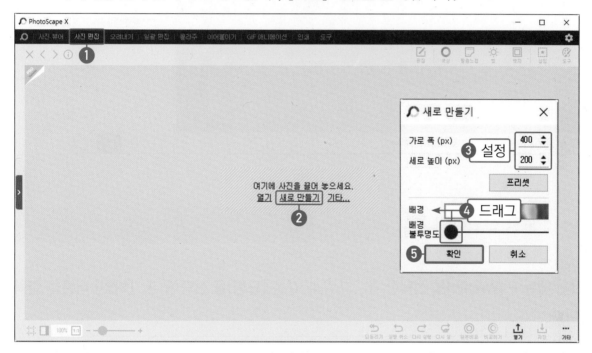

02 빈 투명 종이가 나타납니다. 왼쪽 아래 [테두리 표시(▦)]를 클릭하여 배경과 투명 종이를 구분합니다.

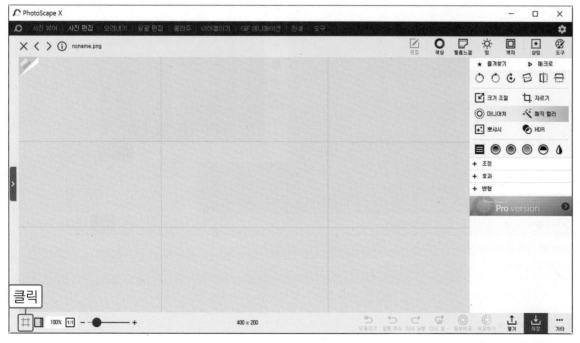

03 왼쪽 아래 **[배경(▢)]**을 클릭한 후 배경을 진하게 한 후, **'150%' 비율로 설정**하여 확대합니다. **[삽입]** 메뉴를 클릭합니다.

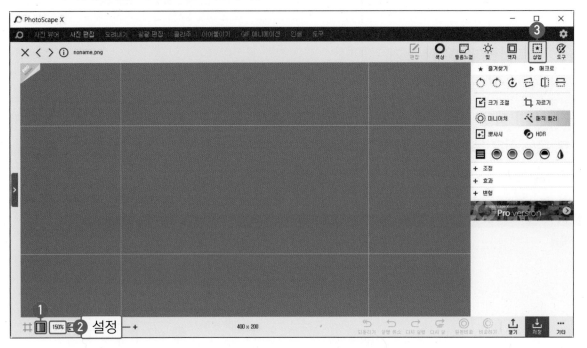

Step 02 도형 삽입하기

01 **[도형]** 메뉴 – **[Wreath]**를 선택한 후, 그림과 같은 **[도형]**을 선택한 후, **[확인]** 버튼을 클릭합니다.

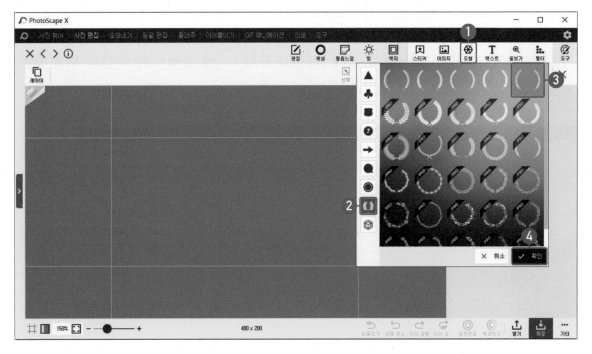

02 도형이 삽입되면 **도형의 대각선 조절점 양 끝을 드래그**하여 크기를 늘립니다.

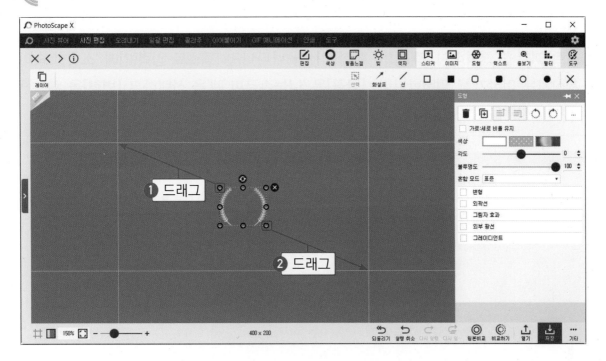

03 [도형] 대화상자에서 **[외곽선]**을 체크하고 **[두께]**는 '**20**'을 설정합니다.

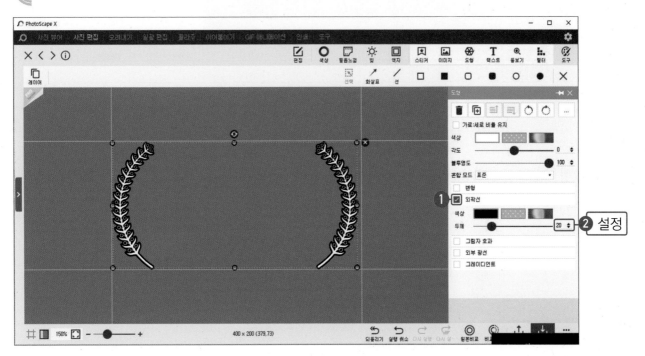

01 [텍스트] 메뉴를 클릭하여 [텍스트] 대화상자가 나타나면 [텍스트 입력란]에 '스윗한 숙이의 세상사는 이야기'를 입력합니다. [글꼴]은 '나눔손글씨 펜'을 선택하고 [변형]을 체크한 후, [변형] 버튼을 클릭합니다.

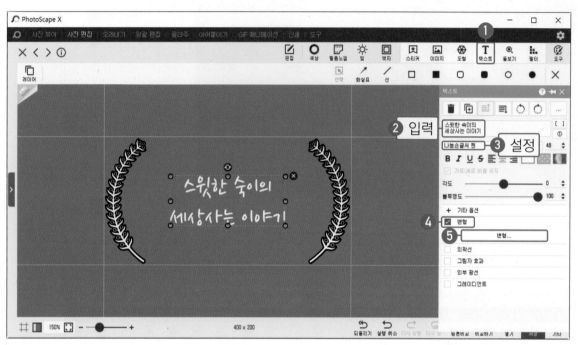

> **포토샵 팁** '나눔손글씨' 글꼴은 네이버에서 무료로 제공하고 있습니다. 글꼴이 없다면 다른 글꼴을 사용하셔도 됩니다.

02 [변형] 대화상자가 나타나면 [뒤틀기] 목록에서 **[양쪽 누르기]**로 설정하고 **[확인]** 버튼을 클릭합니다.

03 [그림자 효과]를 체크하여 그림자를 생성합니다.

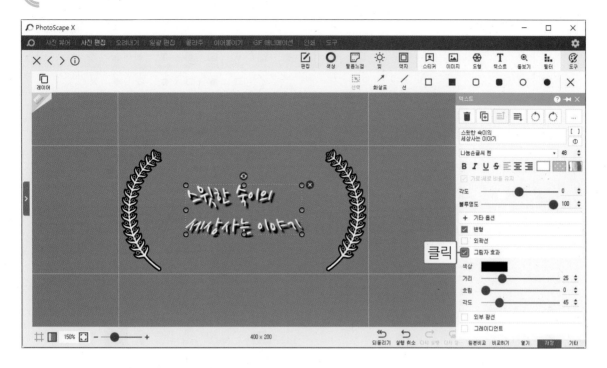

스티커 삽입하고 저장하기

01 [스티커] 메뉴를 클릭하고 [COMIC]을 선택한 후, 스크롤을 끝까지 드래그하여 그림과 같은 [스티커]를 선택한 후, [확인] 버튼을 클릭합니다.

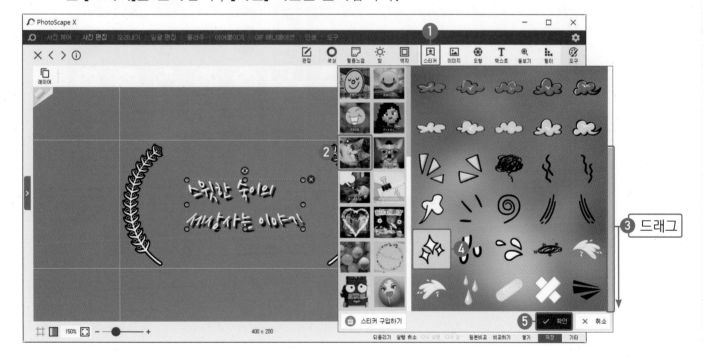

02 삽입된 스티커를 그림과 같이 드래그하여 왼쪽으로 이동합니다.

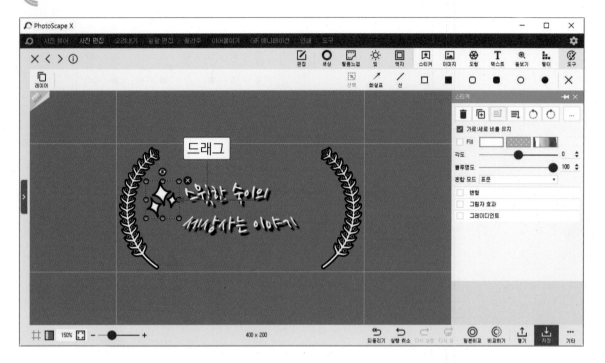

03 [스티커] 메뉴를 클릭하고 [EMOJI]를 선택한 후, 스크롤을 끝까지 드래그하여 그림과 같은 [스티커]를 선택한 후, [확인] 버튼을 클릭합니다.

04 중앙의 스티커 이미지를 그림과 같이 **오른쪽으로 드래그**하여 **이동하고 회전**한 후, **크기를 조정**합니다. **[저장]**을 클릭합니다.

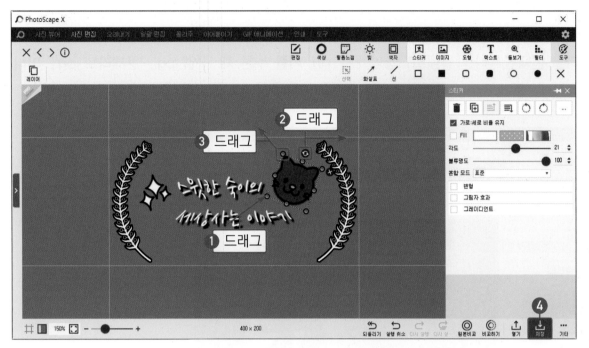

05 [저장] 대화상자가 나타나면 **[다른 이름으로 저장]** 버튼을 클릭합니다. [다른 이름으로 저장] 대화상자가 나타나면 **[파일 이름]**에는 '서명'을 **입력**하고 **[파일 형식]**은 'PNG(*.png)'로 **설정**한 후, **[저장]** 버튼을 클릭합니다.

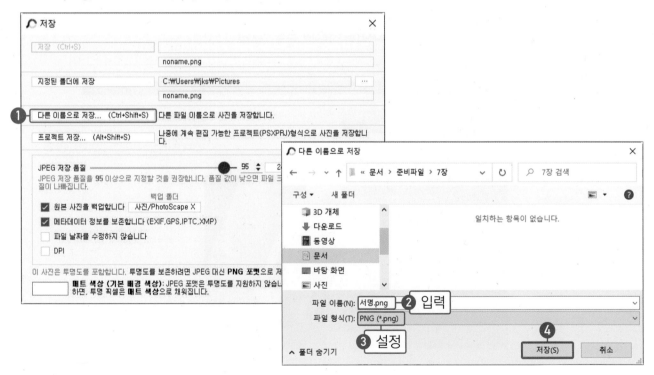

01 [일괄 편집] 탭을 클릭하여 왼쪽의 [탐색] 창의 [경로] 영역에서 [준비 파일] 폴더의 [7장] 폴더를 선택합니다. [썸네일] 영역에서 Ctrl 키를 누른 채 '구엘.jpg', '몬세라토.jpg', '미니 시암.jpg', '톨레도.jpg' 파일을 클릭한 후, [이미지] 창에 드래그합니다.

02 [크기 조절]을 선택한 후, [가로 폭(px)]을 '1280'으로 설정합니다.

01 [필름느낌]을 클릭한 후, 아래에 나타나는 첫 번째 [확장(+)] 버튼을 클릭합니다.

02 [듀오톤] – [영화]를 선택한 후, [적용] 버튼을 클릭합니다.

03 [삽입]을 클릭한 후, 드롭다운 메뉴가 나타나면 [이미지]를 선택합니다.

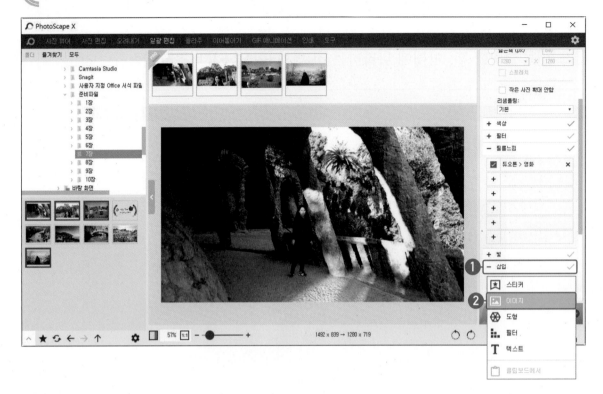

04 [열기] 대화상자가 나타나면 '서명.png' 파일을 선택한 후, [열기] 버튼을 클릭합니다.

05 [이미지] 대화상자가 나타나면 **[기준점(좌측 상단)]**을 클릭합니다. **[저장]**을 클릭합니다.

• • • •
Step 07 일괄 저장하기

01 [저장] 대화상자가 나타나면 **[하위 폴더에 저장]**을 설정한 후, **[접두어(이름 앞에 붙임)]**을 설정합니다. 'batch_'를 삭제한 후, '서명_'을 입력하고 **[확인]** 버튼을 클릭합니다.

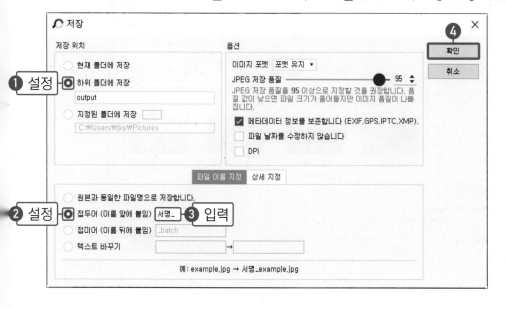

02 왼쪽 [탐색] 창의 [경로] 영역에 [7장] 폴더의 하위 폴더인 [output] 폴더가 생성된 것을
확인 할 수 있습니다. [완료] 대화상자에서 **[탐색기에서 보기] 버튼을 클릭**합니다.

03 [output] 폴더에 편집한 파일들의 이름이 '서명_'으로 시작된 것을 확인할 수 있습니다.

1 [가로 폭(px)]이 '400'이고, [세로 높이(px)]는 '200'인 투명 종이를 만들어봅니다.

2 [스티커]를 삽입하여 다음과 같이 만들어봅니다.

> **힌트** [스티커] 대화상자에서 [가로:세로 비율 유지]를 해제해야 스티커의 길이를 마음대로 조절할 수 있습니다.

3 [텍스트]를 삽입하여 다음처럼 만든 후, '댕댕이서명.png'로 저장해봅니다.

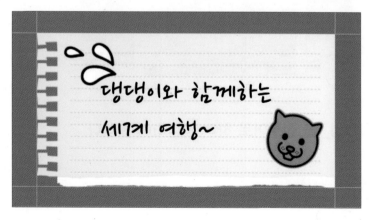

4 [일괄 편집] 탭으로 접두어가 '이탈리아_'인 이미지들을 불러온 후 다음처럼 [빛] – [빛샘(1)]에서 [001] 목록을 적용해봅니다.

준비파일 이탈리아_곤돌라.jpg, 이탈리아_리구리아.jpg, 이탈리아_베니스.jpg, 이탈리아_제노아.jpg

5 저장한 '댕댕이서명.png' 이미지를 삽입하여 다음처럼 위치하여 봅니다.

6 7장 하위 폴더에 '댕댕이서명_'을 접두어로 하여 저장하여 봅니다.

 [저장] 대화상자에서 [하위 폴더에 저장]을 설정한 후, [접두어(이름 앞에 붙임)]을 설정하고, '댕댕이서명_'을 입력합니다.

08 앨범 만들기

학습 포인트

- 콜라주 레이아웃 설정
- 도형 삽입 및 변형
- 배경 설정
- 스티커 삽입

콜라주 기능을 이용하여 미리 준비된 다양한 레이아웃에 맞추어 여러 장의 사진을 배치

하여 미니 앨범을 만드는 방법에 대하여 알아보도록 하겠습니다.

미 리 보 기

◉ 준비파일 : 가족-1.jpg, 가족-2.jpg, 가족-3.jpg, 가족-4.jpg,가족-5.jpg

◉ 완성파일 : 가족사진-collage.png

Step 01 [콜라주] 탭 살펴보기

이미지의 개수와 레이아웃을 설정하고 [탐색] 창의 [경로] 영역에서 이미지를 [이미지] 창의 레이아웃의 빈곳으로 드래그하면 여러 장의 이미지를 손쉽게 배치할 수 있습니다.

① 크기(px) : 단위를 픽셀(px), 인치(in), cm로 지정한 후, 가로 폭과 세로 높이, 해상도를 지정할 수 있습니다.

② 단위를 '%' 또는 'px'로 설정하고 간격, 여백, 둥글기, 배경, 배경 불투명도를 지정합니다.
  - 간격 : 이미지간의 간격을 지정합니다.
  - 여백 : 전체 이미지의 테두리 여백을 지정합니다.
  - 둥글기 : 이미지 모서리의 둥글기를 지정합니다.
  - 배경 / 배경 불투명도 : 배경을 단색, 패턴, 그레이디언트 지정할 수 있습니다.

③ 이미지의 개수를 지정합니다.

④ 레이아웃의 모양을 지정합니다. [이미지] 창의 레이아웃 구분선을 이동하여 레이아웃을 변경할 수 있습니다.

⑤ 삽입 : 스티커, 이미지, 텍스트, 도형, 클립보드에서 삽입합니다.

삽입된 이미지를 클릭하면 해당 이미지에 대한 옵션을 설정할 수 있는 대화상자가 나타납니다.

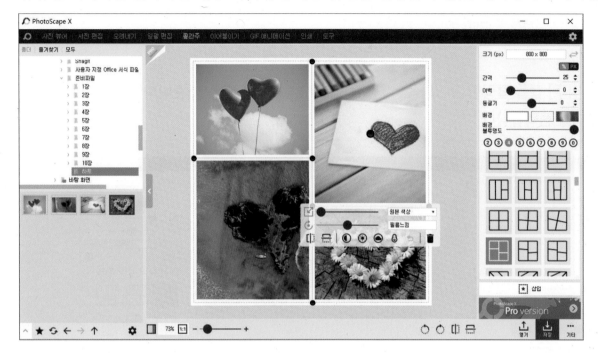

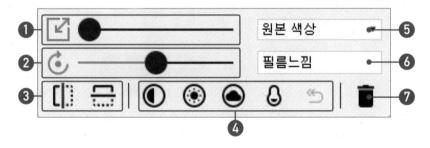

① 슬라이더를 이동하여 크기를 설정합니다.

② 슬라이더를 이동하여 회전을 설정합니다.

③ 상하, 좌우 뒤집기를 설정합니다.

④ 진하게, 밝게, 어둡게, 색온도를 설정하고, 재설정합니다.

⑤ 원본색상, 무채화, 세피아, 반디쿠트, 블랙 & 화이트, 음영반전을 설정하고 재설정합니다.

⑥ [필름느낌] 대화상자가 나타나 다양한 느낌의 이미지를 설정합니다.

⑦ 삽입된 이미지를 제거합니다.

01 [콜라주] 탭을 클릭한 후, 왼쪽의 [탐색] 창의 [경로] 영역에서 **[준비파일]** 폴더 안의 **[8장]** 폴더를 선택합니다.

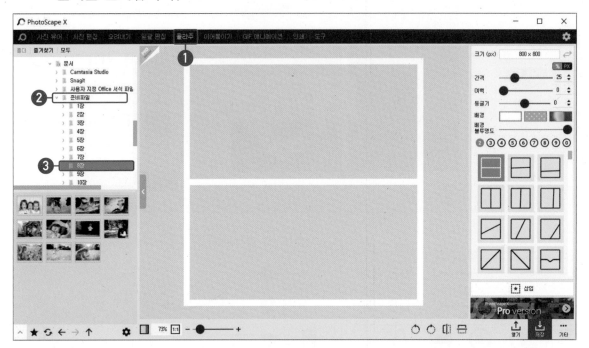

02 [크기(px)]의 [800×800] 버튼을 클릭한 후, 대화상자에서 [cm]를 클릭합니다. [가로 폭 (cm)]은 '29.7'로, [세로 높이(cm)]는 '21'로 설정하고 [확인] 버튼을 클릭합니다.

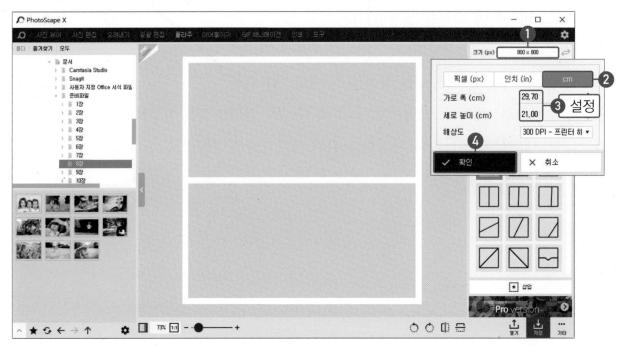

03 '3508×2480' 크기로 변경된 것을 확인 할 수 있습니다.

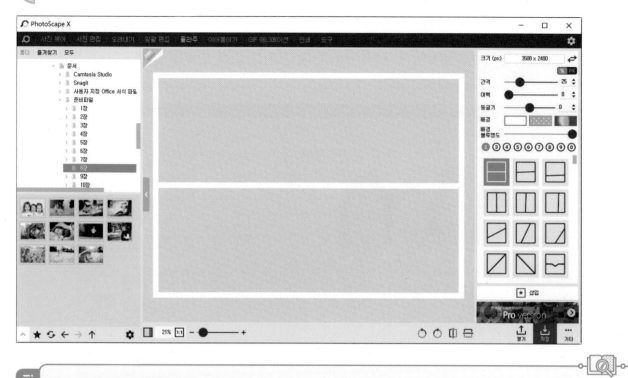

> 잠깐만!
>
> 29..7cm와 21cm로 설정한 크기가 자동으로 픽셀(px) 단위로 바뀌어 표시됩니다.

04 [면을 나누는 개수]는 '6'으로 설정한 후, 레이아웃은 ⊞을 선택합니다.

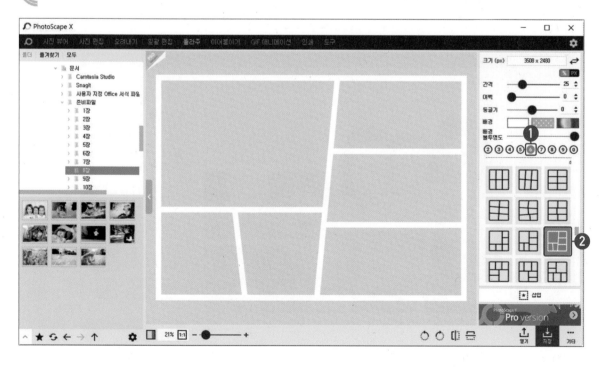

01 [탐색] 창의 [썸네일] 영역에서 '가족-1.jpg' 파일을 첫 번째 칸으로 드래그합니다.

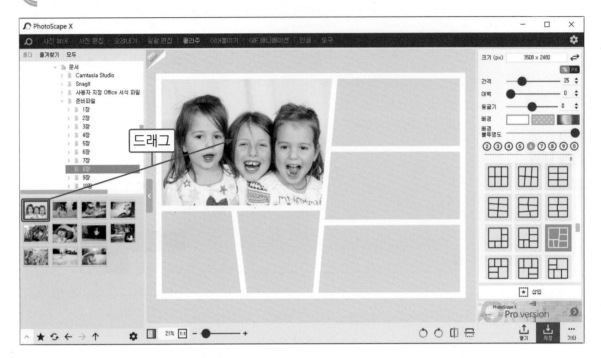

02 같은 방법으로 '가족-2.jpg' 파일부터 '가족-5.jpg' 파일까지 드래그하여 그림과 같이 채 웁니다.

03 '가족-2.jpg' 파일을 클릭하여 대화상자가 나타나면 [크기] 슬라이더를 오른쪽으로 드래그하여 파일의 크기를 확대합니다. **파일의 화면을 아래로 드래그**하여 파일의 위치를 그림처럼 이동합니다.

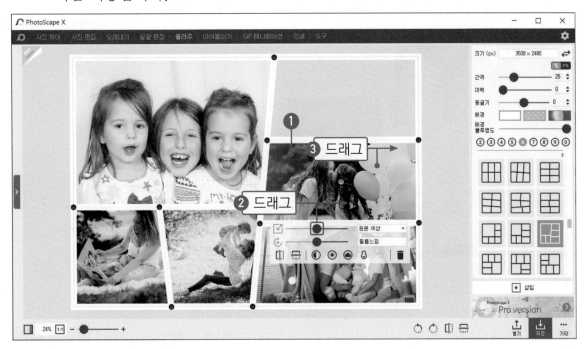

04 같은 방법으로 '가족-3.jpg' 파일과 '가족-4.jpg' 파일, '가족-5.jpg' 파일의 크기와 위치를 조절합니다.

05 '가족-1.jpg' 파일을 클릭하여 대화상자가 나타나면 [필름느낌]을 클릭합니다.

06 [필름느낌] 대화상자가 나타나면 [필름느낌]의 **[포르트라]**를 선택하고 **[적용]** 버튼을 클릭합니다.

07 오른쪽의 옵션에서 [간격]은 '50'으로, [여백]은 '100'으로, [둥글기]는 '10'으로 설정합니다.

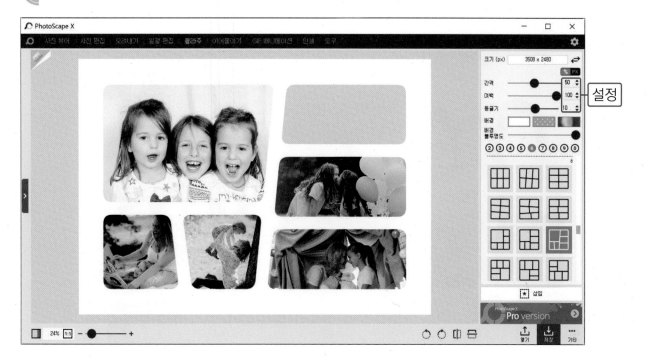

Step 03 도형 삽입하기

01 [삽입] 버튼을 클릭하고 드롭다운 메뉴가 나타나면 [도형]을 선택합니다.

02 도형 목록이 나타나면 **[사각형]**을 선택하고, **[확인]** 버튼을 클릭합니다.

03 사각형이 나타나면 그림처럼 **비어있는 칸으로 드래그**하여 이동합니다.

04 사각형의 왼쪽 가운데 조절점을 드래그하여 빈칸의 회색 배경이 보이지 않도록 그림처럼 키웁니다. **[변형]을 체크**하고 **[변형] 버튼을 클릭**합니다.

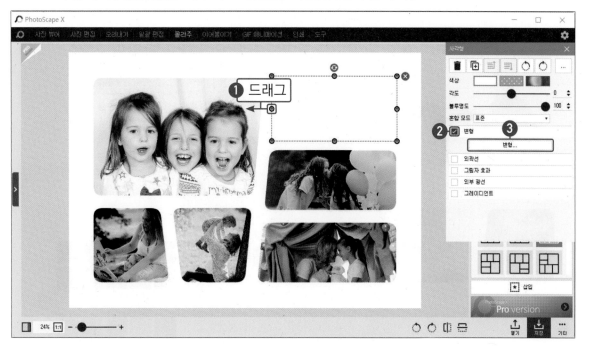

05 [변형] 대화상자가 나타나면 **왼쪽 위 조절점을 오른쪽으로 드래그**한 후, **[확인] 버튼을 클릭**합니다.

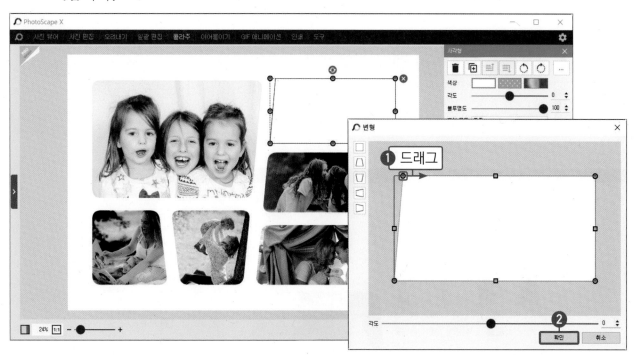

06 [외곽선]을 체크하고 두께를 '30'으로 설정합니다. [색상]은 [패턴]을 선택하고 패턴 목록이 나타나면 **그림과 같은 [패턴]을 선택**하고 [확인] 버튼을 클릭합니다.

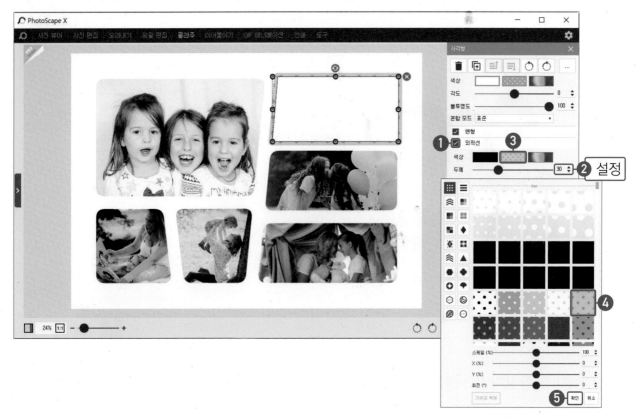

Step 04 텍스트 입력하고 배경 지정하기

01 [삽입] 버튼을 클릭하고 드롭다운 메뉴가 나타나면 [텍스트]를 선택합니다.

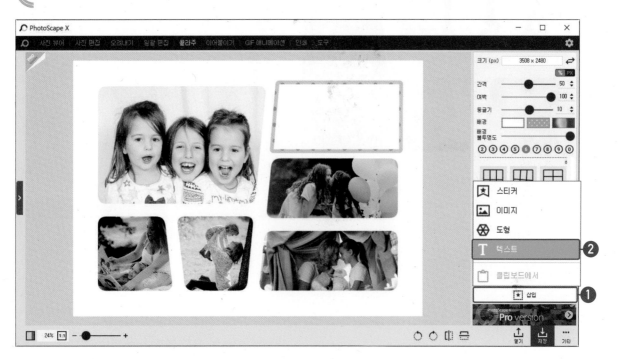

02 [텍스트] 대화상자가 나타나면 [텍스트 입력란]에 '행복한 우리가족~'이라고 입력하고, [글꼴]은 '나눔손글씨 펜'으로, [글자 크기]는 '300'으로 설정합니다. [외부 광선]을 체크하고 [색상]은 [단색]의 '분홍색(#ffffbfff)'으로 설정한 후, 그림처럼 드래그하여 이동합니다. 닫기(×)를 클릭하여 [텍스트] 대화상자를 닫습니다.

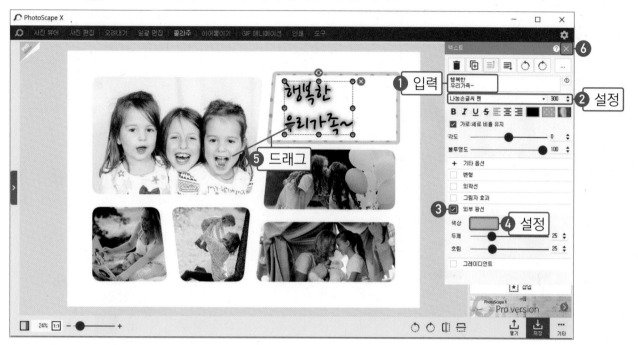

03 [배경]은 [패턴]을 클릭하고 패턴 목록이 나타나면 [Gingham(▦)]을 선택하고 스크롤을 아래로 드래그한 후, 그림과 같은 [패턴]을 선택하고 [확인] 버튼을 클릭합니다. 도형의 대각선의 조절점을 안쪽으로 드래그하여 다른 사진과 수평·수직을 맞춥니다.

01 [삽입] 버튼을 클릭하여 드롭다운 메뉴가 나타나면 [스티커]를 선택합니다.

02 스티커 목록이 나타나면 [COMIC]을 선택한 후, 그림과 같은 [스티커]를 선택하고 [확인] 버튼을 클릭합니다.

03 스티커를 그림처럼 오른쪽 위로 드래그하여 이동하고, 회전을 합니다.

04 같은 방법으로 [삽입] – [스티커]를 선택한 후, 스티커 목록이 나타나면 [COMIC]을 선택한 후, 그림과 같은 [스티커]를 선택하고 [확인] 버튼을 클릭합니다.

05 [저장]을 클릭하여 '가족사진–collage.png'라는 이름으로 저장합니다.

1 [콜라주] 탭에서 그림과 같이 사진을 삽입하여 콜라주를 만들어봅니다.

준비파일 아이-1.jpg, 아이-2.jpg, 아이-3.jpg, 아이-4.jpg, 아이-5.jpg, 아이-6.jpg

• 가로 : 29.7cm	• 세로 : 21cm

2 그림과 같이 콜라주 안의 사진을 꾸며봅니다.

• 간격 : 50px,	• 여백 : 50	• 둥글기 : 10
• 아이-3 : 좌우 뒤집기, 확대	• 아이-4 : 확대	

3 배경에 [패턴]을 적용하여 꾸며보고, 사각형 도형을 삽입하여 [변형]한 후, [텍스트]를 삽입해봅니다.

> **알아두기**
> - 배경 패턴 : [Chevron(茶)]의 6번째 [패턴]
> - 텍스트
>   - 글꼴 : 나눔손글씨 펜
>   - 글자 크기 : 300

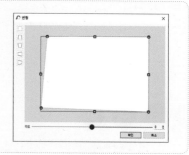

4 스티커의 [COSTUME] 목록을 이용하여 그림처럼 꾸며본 후, '성장앨범-collage.png'로 저장해봅니다.

09 메뉴판 만들기

학습 포인트

- 이어붙이기 모양 설정
- 이미지에 파일 이름 표시
- A4용지 설정

이어붙이기 기능을 이용하여 바둑판 모양으로 이미지를 손쉽게 나열하고 파일 이름을 응용하여 가격을 표시하는 방법을 활용하여 메뉴판을 만드는 방법에 대하여 알아보도록 하겠습니다.

 미 리 보 기

◉ 준비파일 : 1.레인보우주스.jpg, 2.매실에이드.jpg, 3.라임에이드.jpg, 4.오렌지주스.jpg, 5.파인애플주스.jpg, 6.핑크자몽주스.jpg , 바다.png

◉ 완성파일 : 음료-1.png

이어붙이기

[이어붙이기] 탭 살펴보기

[이어붙이기] 탭의 기능은 이미지를 수직, 수평, 바둑판으로 여러 장을 한 장으로 이어붙이는 기능입니다.

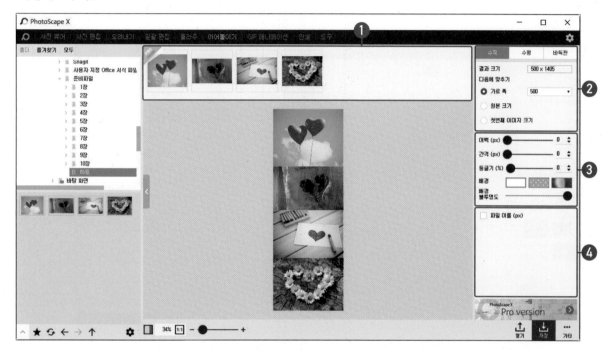

① [이어붙이기] 창 : 이미지가 놓인 순서로 표시됩니다. [탐색] 창에서 이미지를 선택하여 [이어붙이기] 창으로 드래그하여 놓으면 [이미지] 창에서 순차적으로 표시됩니다.

② 수직/수평/바둑판 : 전체 크기인 결과 크기가 표시되며, 가로 폭, 원본 크기, 첫번째 이미지 크기로 한 이미지의 크기를 기준으로 지정할 수 있습니다.

③ 여백(px), 간격(px), 둥글기(%), 배경, 배경 불투명도를 지정할 수 있습니다.
   - 여백(px) : 전체 이미지의 테두리 여백을 지정합니다.
   - 간격(px) : 이미지간의 간격을 지정합니다.
   - 둥글기(px) : 이미지 모서리의 둥글기를 지정합니다.
   - 배경(px)/배경 불투명도 : 배경을 단색, 패턴, 그레이디언트 지정할 수 있습니다.

④ 파일 이름(px) : 파일 이름을 체크하면 이미지 하단에 파일 이름이 나타나며 파일 이름의 크기, 글꼴, 색상을 설정할 수 있습니다.

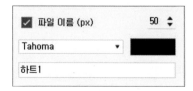

Step 01 | [이어붙이기] 탭에서 이미지 만들기

01 [이어붙이기] 탭을 클릭한 후, [탐색] 창의 [경로] 영역에서 **[준비파일]** 폴더 안의 **[9장]** 폴더를 선택합니다.

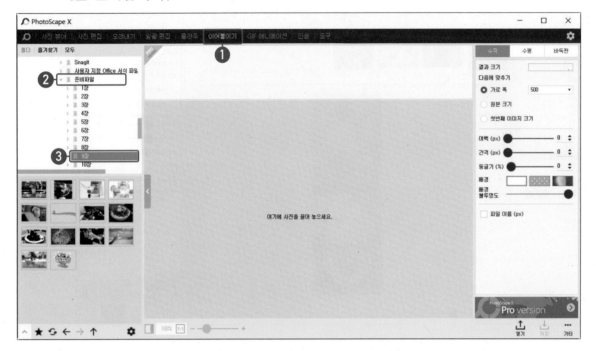

02 [썸네일] 영역에서 '1.레인보우주스.jpg'를 클릭하고 Shift 키를 누른 채 '6.핑크자몽주스.jpg'를 클릭한 후, [이미지] 창으로 드래그합니다.

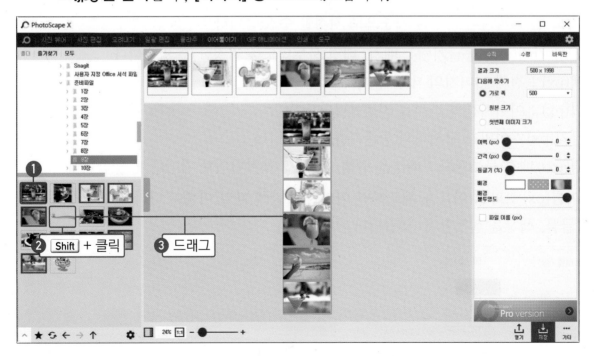

03 [바둑판]을 선택하고 [크기]를 '900×700'으로 설정한 후, [열 (칸) 개수]를 '3'으로 설정합니다.

04 [여백(px)]은 '100'으로, [간격(px)]은 '100'으로, [둥글기(%)]는 '20'으로 설정합니다.

05 [배경]은 [단색]의 '파란색(#ffbfd9ff)'을 선택하고 [확인] 버튼을 클릭합니다.

06 [파일 이름(px)]을 체크하고, [크기]는 '100'으로 [글꼴]은 '맑은 고딕'으로 설정합니다. 파일 이름이 이미지 하단에 나타나는 것을 확인할 수 있습니다.

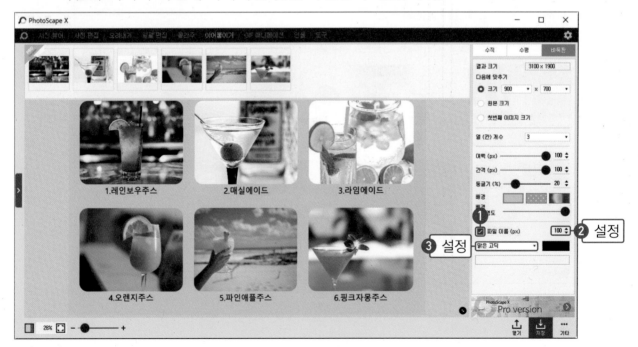

07 '1.레인보우주스.jpg' 파일을 선택한 후, [텍스트 입력란]에 '1.레인보우주스.jpg'가 나타
나면 한 칸 뛰고, '₩8,500'이라 입력하여 파일 이름 옆에 가격을 입력합니다.

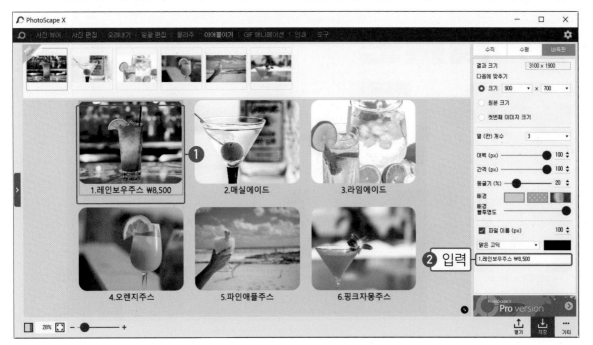

08 같은 방법으로 다른 파일에도 그림과 같이 가격을 입력합니다.

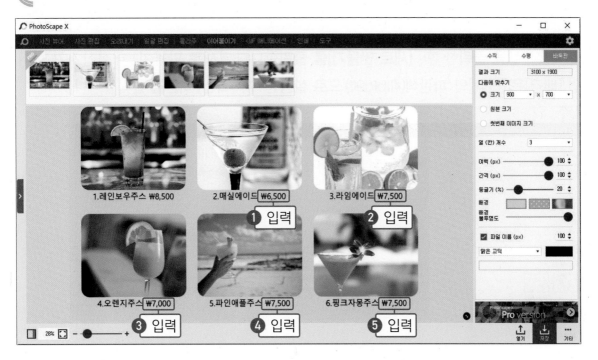

09 [기타]를 클릭하여 드롭다운 메뉴가 나타나면 [클립보드에 복사하기]를 선택합니다.

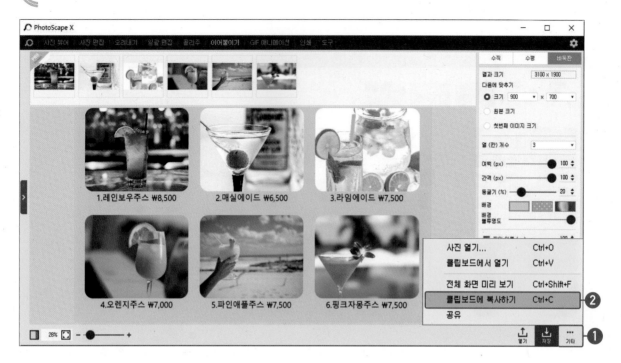

Step 02 크기 지정하여 메뉴판 만들기

01 [사진 편집] 탭을 클릭한 후, [새로 만들기]를 클릭합니다. [새로 만들기] 대화상자가 나타나면 [배경]은 [단색]의 '파란색(#ffbfd9ff)'으로 설정한 후, [확인] 버튼을 클릭합니다.

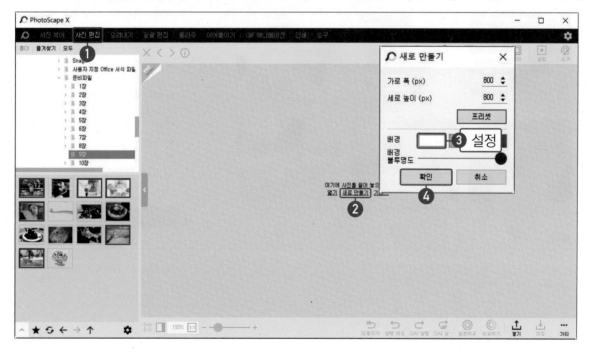

02 [크기 조절]을 클릭합니다.

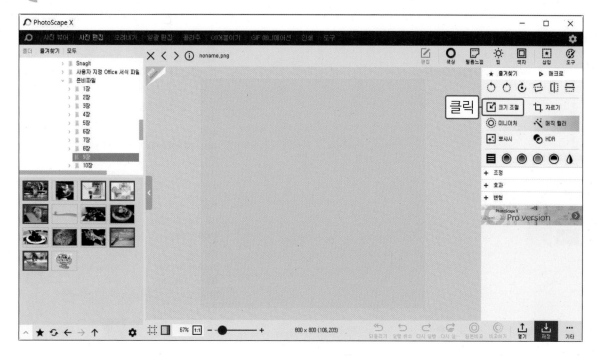

03 [크기 조절] 대화상자가 나타나면 [**가로:세로 비율 유지**]를 클릭하여 체크를 해제한 후, [cm] 버튼을 클릭합니다. 이후 [**가로 폭(cm)**]은 '29.7'을, [세로 높이(cm)]에는 '21'을 입력하고 [**적용**] 버튼을 클릭합니다.

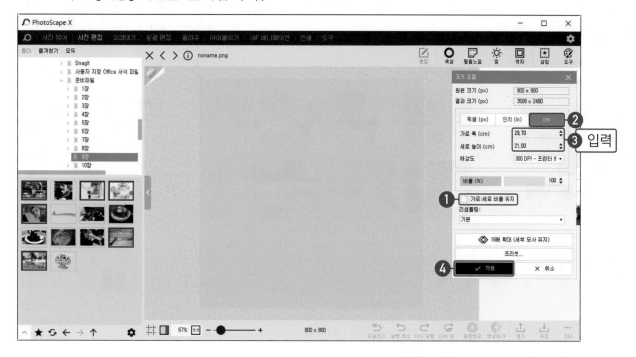

04 [기타]를 클릭하여 드롭다운 메뉴가 나타나면 **[붙여넣기]**를 선택합니다.

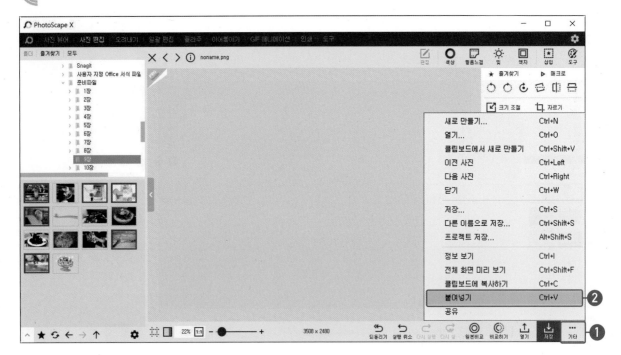

05 클립보드에 복사한 이미지가 삽입됩니다.

01 [탐색] 창의 [썸네일] 영역에서 '바다.png' 파일을 [이미지] 창으로 드래그합니다.

02 '바다.png' 파일을 상단으로 드래그하여 위치를 이동하고 **조절점을 드래그**하여 가로 크기를 맞춥니다. **[액자] 메뉴를 클릭**합니다.

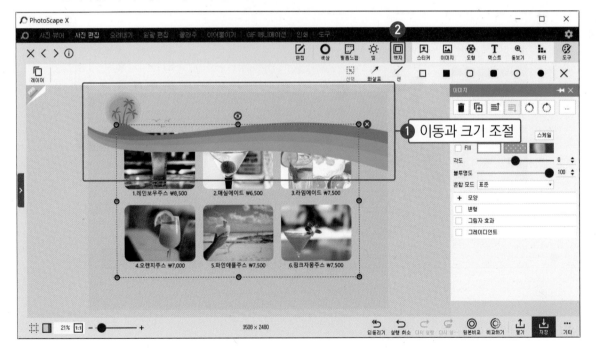

03 그림과 같은 액자 모양이 나타날 때까지 **스크롤을 아래로 드래그**하여 **[액자]를 선택**한 후, **[적용] 버튼을 클릭**합니다.

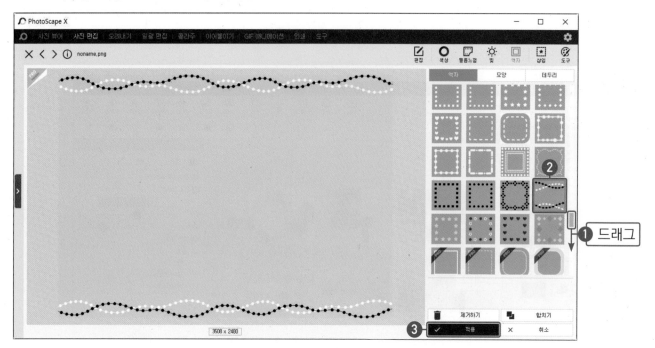

04 삐져나온 **메인 이미지를 아래로 드래그**하여 이동한 후, **[삽입] 메뉴를 클릭**합니다.

05 [텍스트] 메뉴를 클릭하여 [텍스트] 대화상자가 나타나면 [텍스트 입력란]에 'FRESH-MENU'를 입력합니다. [글꼴 색상]은 [단색]의 '흰색(#ffffffff)'으로 설정하고 텍스트를 드래그하여 위치를 그림과 같이 이동합니다.

06 [외각선]을 체크한 후, [색상]은 [단색]의 '파란색(#ff0066ff)'으로 설정합니다. 이후 [저장]을 클릭하여 '음료-1.png'라는 이름으로 저장합니다.

1 [이어붙이기] 탭에서 [바둑판] 모양으로, 크기는 '800x800'으로, [열(칸) 개수]를 '3'으로 설정하여 다음과 같은 이미지를 만들어봅니다.

준비파일 딸기빙수.jpg, 블루베리빙수.jpg, 완두빙수.jpg, 초코빙수.jpg, 치즈빙수.jpg, 팥빙수.jpg

- 여백(px) : 100
- 간격(px) : 100
- 둥글기(%) : 20
- 배경 : 연한 보라색(#ffe5bfff)

2 '파일 이름'과 '가격'을 입력해 봅니다.

- 글꼴 : 맑은 고딕
- 크기 : 100

3 [사진 편집] 탭에서 새로운 종이(A4용지)를 만들어 다음과 같이 [액자]와 '핑크잔.png' 파일을 삽입해봅니다.

준비파일 핑크잔.png

힌트! A4용지의 크기는 29.7×21cm입니다.

4 'Summer Special'과 '눈꽃빙수'라는 [텍스트]를 삽입한 후, '눈꽃빙수-1.png'로 저장해봅니다.

- Summer Special
  - 글꼴 : 휴먼엑스포   - 글꼴 크기 : 150   - 글꼴 모양 : 기울임꼴
- 눈꽃빙수
  - 글꼴 : 궁서체   - 글꼴 크기 : 350   - 외부광선 색상 : 연한 보라색(#ffcd80ff)

10 움직이는 이미지 만들기

학습 포인트

- 애니메이션 이미지 만들기
- GIF 애니메이션 만들기
- 애니메이션 표시 시간 설정

웹 페이지나 블로그 꾸미기를 하다보면 배너 같은 움직이는 애니메이션을 필요할 때가 있습니다. 이번 장에서는 커피 잔과 와이파이 로고가 서서히 나타나면서 글자가 차례로 나타나는 움직이는 GIF 애니메이션을 만드는 방법에 대하여 알아보도록 하겠습니다.

◉ 준비파일 : 배경.jpg, 와이파이.png, 커피.png
◉ 완성파일 : 와이파이-1.gif

Step 01   [GIF 애니메이션] 탭 살펴보기

[GIF 애니메이션] 탭의 기능은 이미지를 순차적으로 재생시켜 GIF 애니메이션을 만드는 기능으로 표시 시간, 전환 효과, 텍스트를 입력하여 만들 수 있습니다.

1. [애니메이션 프레임] 창 : 애니메이션화 할 이미지의 순서와 재생 시간이 표시됩니다. 왼쪽 [경로] 창의 [썸네일] 영역에서 이미지를 선택하여 [애니메이션 프레임] 창으로 드래그하여 놓으면 [이미지] 창에서 순차적으로 보여집니다.

2. 표시 시간 : 선택된 프레임이나 모든 프레임에 표시 시간을 적용할 수 있습니다.

3. 전환 효과 : 프레임이 변경될 때 어떤 방식으로 변결될 효과를 설정할 수 있습니다.

4. 재생/중지 : 프레임을 재생하거나 중지할 수 있습니다.

5. 크기(px) : 프레임의 크기를 일괄적으로 설정할 수 있습니다.

6. 텍스트 : 텍스트를 입력하면 애니메이션이 실행되는 동안 연속적으로 나타납니다. 텍스트 위치, 글꼴, 크기(%), 외곽선을 설정할 수 있습니다.

Step 01 배경에 커피 이미지 가져오기

01 [사진 편집] 탭을 클릭한 후, 왼쪽의 [탐색] 창의 [경로] 영역에서 [10장] 폴더를 선택한 후, '배경.jpg' 파일을 클릭합니다. [삽입] 메뉴를 클릭합니다.

02 [이미지] 메뉴를 클릭한 후, [열기] 대화상자가 나타나면 '커피.png' 파일을 선택하고 [열기] 버튼을 클릭합니다.

03 삽입된 **커피 이미지를 아래로 드래그**하여 이동한 후, **[저장]**을 클릭합니다.

04 [저장] 대화상자가 나타나면 **[다른 이름으로 저장]** 버튼을 클릭합니다. [다른 이름으로 저장] 대화상자가 나타나면 **[파일 이름]**은 '배경-5'로 입력하고 **[저장]** 버튼을 클릭합니다.

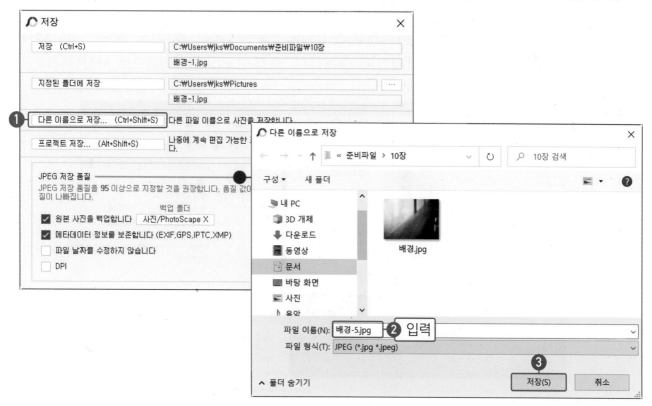

05 커피 이미지에 마우스 오른쪽 버튼으로 클릭하여 드롭다운 메뉴가 나타나면 [스케일]에서 [¾]을 선택합니다. [이미지] 대화상자에서 [불투명도]를 '80'으로 설정하고 대각선으로 드래그하여 이동합니다. [저장]을 클릭하여 [저장] 대화상자가 나타나면 [다른 이름으로 저장] 버튼을 클릭하여 '배경-4.jpg'라는 이름으로 저장합니다.

06 같은 방법으로 커피 이미지의 [스케일]은 [⅔]로, [불투명도]는 '60'으로 설정한 후, 대각선으로 드래그하여 이동하고 [저장]을 클릭하여 '배경-3.jpg'라는 이름으로 저장합니다.

07 같은 방법으로 **커피 이미지**의 [스케일]은 [½]로, [불투명도]는 '40'으로 설정한 후, 대각
선으로 드래그하여 이동하고 [저장]을 클릭하여 '배경-2.jpg'라는 이름으로 저장합니다.

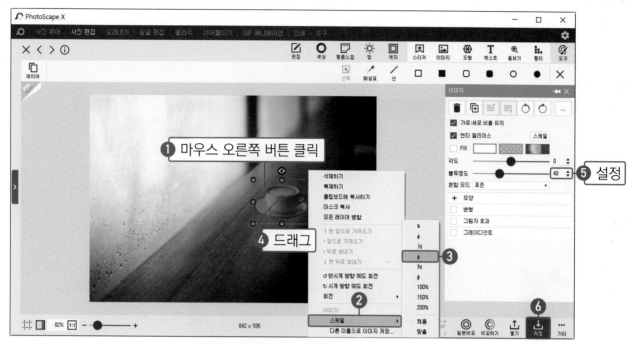

08 같은 방법으로 **커피 이미지**의 [스케일]은 [⅓]로, [불투명도]는 '20'으로 설정한 후, 대각선
으로 드래그하여 이동하고 [저장]을 클릭하여 '배경-1.jpg'라는 이름으로 저장합니다. [닫
기(✕)] 버튼을 클릭합니다.

01 [탐색] 창의 [썸네일] 영역에서 '**배경-5.jpg**'를 **클릭**하여 파일을 불러온 후, [**삽입**] 메뉴를
클릭합니다.

02 [이미지] 메뉴를 **클릭**합니다.

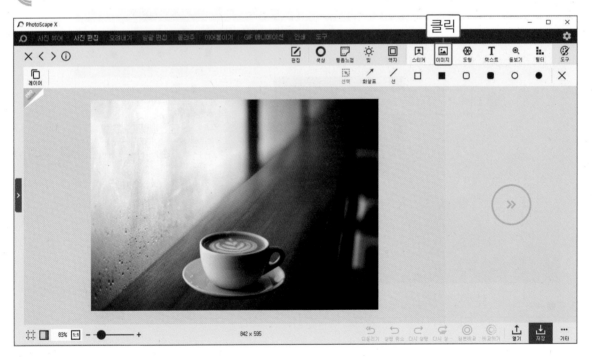

03 [열기] 대화상자가 나타나면 '**와이파이.png**' 파일을 선택하고 [열기] 버튼을 클릭합니다.

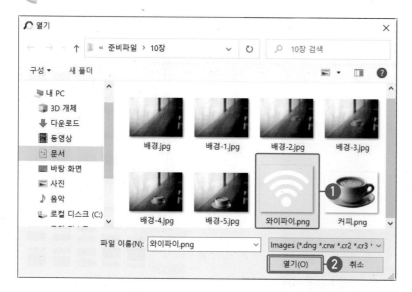

04 [이미지] 대화상자가 나타나면 [혼합 모드]는 '스크린'으로 설정하고 [그레이디언트]를 체크한 후, 그레이디언트의 [시작색]은 [단색]의 '흰색'(#ffffffff)으로, [끝색]은 [단색]의 '검정색(#ff000000)'으로 설정하고, [그레이디언트 모양]을 ☐으로 설정합니다. [저장]을 클릭한 후, '배경-6.jpg'라는 이름으로 저장합니다.

05 [그레이디언트 모양]을 ▭으로 설정합니다. [저장]을 클릭한 후, '배경-7.jpg'라는 이름으로 저장합니다.

06 [그레이디언트 모양]을 ▬으로 설정합니다. [저장]을 클릭한 후, '배경-8.jpg'라는 이름으로 저장합니다.

07 [그레이디언트 모양]을 ■으로 설정합니다. [저장]을 클릭한 후, '배경-9.jpg'라는 이름으로 저장합니다.

08 [그레이디언트 모양]을 ■으로 설정합니다. [저장]을 클릭한 후, '배경-10.jpg'라는 이름으로 저장합니다.

09 [그레이디언트]를 클릭하여 체크를 해제합니다. [저장]을 클릭한 후, '배경-11.jpg'라는 이름으로 저장합니다.

Step 03 텍스트 입력하여 저장하기

01 [텍스트] 메뉴를 클릭하여 [텍스트] 대화상자가 나타나면 [텍스트 입력란]에 '와이파이'라고 입력하고 [글꼴]은 '나눔손글씨 펜'으로, [글꼴 크기]는 '150'으로 설정하고 [외곽선]을 클릭한 후, [색상]은 '흰색(#ffffffff)'으로 설정하고 [그레이디언트]를 클릭한 후, 텍스트를 드래그하여 이동합니다. [저장]을 클릭한 후, '배경-12.jpg'라는 이름으로 저장합니다.

02 텍스트를 마우스 오른쪽 버튼으로 클릭하여 드롭다운 메뉴가 나타나면 **[복제하기]**를 선택
합니다.

03 텍스트가 복제된 후, [텍스트] 대화상자가 나타나면 **[텍스트 입력란]**에 '팡~'이라고 입력
하고 **텍스트를 드래그**하여 이동합니다. **[저장]**을 클릭한 후, '배경-13.jpg'라는 이름으로
저장합니다.

04 '팡~'을 **마우스 오른쪽 버튼으로 클릭**하여 드롭다운 메뉴가 나타나면 **[복제하기]를 선택**합니다.

05 텍스트가 복제된 후, [텍스트] 대화상자에서 **[글꼴 크기]는 '200'으로 설정**하고 **텍스트를 드래그**하여 위치를 이동합니다. **[저장]을 클릭**한 후, **'배경-14.jpg'라는 이름으로 저장**합니다.

GIF 애니메이션으로 만들기

01 [GIF 애니메이션] 탭을 클릭한 후, [탐색] 창의 [경로] 영역에서 **[준비파일]** 폴더 안의 **[10
장]** 폴더를 선택합니다. [썸네일] 영역에서 **'배경.jpg'** 파일부터 **'배경-11.jpg'** 파일까지 선
택한 후, **[애니메이션 프레임]** 창으로 드래그합니다.

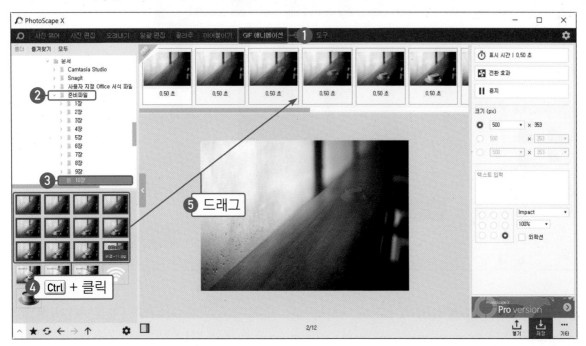

02 **[표시 시간]** 버튼을 클릭하여 [표시 시간(초)] 대화상자가 나타나면 **[표시 시간(초)]** 에 **'0.1'**
을 입력하고 **[선택된 프레임만 적용]** 버튼을 클릭합니다.

03 [애니메이션 프레임] 창의 스크롤을 오른쪽 끝까지 드래그한 후, [썸네일] 영역에서 '배경-12.jpg'부터 '배경-14.jpg'까지 파일을 선택하여 [애니메이션 프레임] 창의 마지막 프레임으로 드래그합니다.

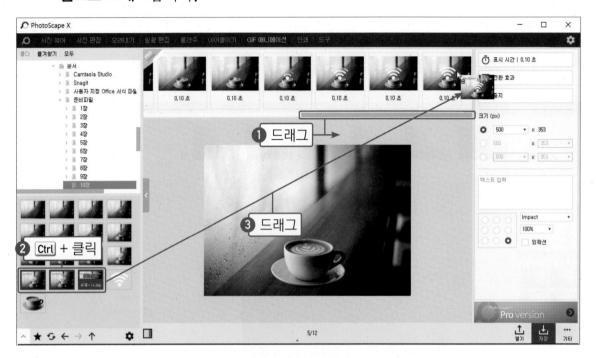

04 [표시 시간] 버튼을 클릭하여 [표시 시간(초)] 대화상자가 나타나면 **[표시 시간(초)]**에 '0.3'을 입력하고 **[선택된 프레임만 적용]** 버튼을 클릭합니다.

05 [텍스트 입력란]에 'Free wi-fi'를 입력하고, 위치는 [기준점(우측 하단)]으로 설정하고 [외곽선]을 클릭하여 체크합니다. [저장]을 클릭합니다.

06 그림이 있는 [저장] 대화상자가 나타나면 [저장] 버튼을 클릭합니다. 또 다른 [저장] 대화상자가 나타나면 '와이파이-1.gif'라고 입력한 후, [저장] 버튼을 클릭합니다.

1 [사진 편집] 탭에 '카네이션.jpg' 파일을 불러온 후, 'Thank you~'라고 텍스트를 삽입해봅니다.

준비파일 카네이션.jpg

2 텍스트의 불투명도를 20, 40, 60, 80, 100으로 하여 이름을 각각 '카네이션-1'부터 '카네이션-5'까지 JPG 파일로 저장해봅니다.

〈카네이션-1〉

〈카네이션-2〉

〈카네이션-3〉

〈카네이션-4〉

〈카네이션-5〉

3 [빛] 메뉴의 [렌즈반사광] – [003]을 적용한 후, '카네이션-6.jpg'라고 저장해봅니다.

4 '카네이션.jpg'부터 '카네이션-5.jpg'까지 [표시 시간]을 '0.2'로 설정하고 '카네이션-6.jpg'은 [표시 시간]을 '1'로 설정한 후, '카네이션-1.gif'로 저장해봅니다.

표시 시간 : 0.2초

표시 시간 : 0.2초

표시 시간 : 0.2초

표시 시간 : 0.2초

표시 시간 : 0.2초

표시 시간 : 0.2초

표시 시간 : 1.0초

좋은 책을 만드는 길
독자님과 함께하겠습니다.

도서에 궁금한 점, 아쉬운 점, 만족스러운 점이
있으시다면 어떤 의견이라도 말씀해 주세요.
시대인은 독자님의 의견을 모아 더 좋은 책으로 보답하겠습니다.

www.edusd.co.kr

 포토스케이프 X

초 판 발 행	2020년 08월 20일
발 행 인	박영일
책 임 편 집	이해욱
저 자	장경숙
편 집 진 행	임채현
표지디자인	김도연
편집디자인	신해니
발 행 처	시대인
공 급 처	(주)시대고시기획
출 판 등 록	제 10-1521호
주 소	서울시 마포구 큰우물로 75 [도화동 538 성지 B/D] 9F
전 화	1600-3600
팩 스	02-701-8823
홈 페 이 지	www.edusd.co.kr
I S B N	979-11-254-7790-7(13000)
정 가	10,000원